U0586550

散舟史海

马建虎 施泽玉 / 编著

吉林文史出版社

图书在版编目（CIP）数据

散舟史海 / 马建虎，施泽玉编著. — 长春：吉林
文史出版社，2021.3
ISBN 978-7-5472-7675-4

Ⅰ.①散… Ⅱ.①马… ②施… Ⅲ.①中学历史课—
教学研究 Ⅳ.①G633.512

中国版本图书馆CIP数据核字（2021）第059059号

散舟史海
SANZHOU SHIHAI

编　　著：马建虎　施泽玉
责任编辑：吕　莹
封面设计：言之凿
出版发行：吉林文史出版社有限责任公司
电　　话：0431-81629369
地　　址：长春市福祉大路5788号
邮　　编：130117
网　　址：www.jlws.com.cn
印　　刷：北京政采印刷服务有限公司
开　　本：170mm×240mm　1/16
印　　张：13.5
字　　数：243千字
版印次：2021年3月第1版　2021年3月第1次印刷
书　　号：ISBN 978-7-5472-7675-4
定　　价：45.00元

序言

百年大计，教育为本；教育大计，教师为本。近20年来，名师工作室已成长为教师专业成长的新范式。2011年9月，兰州市高中历史施泽玉名师工作室落户永登县第一中学，工作室8名成员来兰州市不同区域、不同层次的高中学校，他们都是各自学校的骨干和中坚力量。大家带着喜悦、带着梦想，"谈古论今，一起交流、合作、分享；教史育人，共同探索、反思、前行"。大家给工作室的定位是一个团队，科研性团队、实践性团队、成长性团队；是一个平台，学习的平台、合作的平台、交流的平台。这个团队、这个平台犹如一丛新绿，慢慢地向周边扩展开来。2015年组建第二期，加入9名培养成员；2017年在兰州新区舟曲中学组建二级工作室，新加入6名青年成员；2019年名师工作室升级为首席专家工作室，核心成员增至17名，培养成员增至15名，成员学校扩大到15所。工作室依托本校，立足本县，放眼全市，树立"相互学习、教学相长、共同发展"的观念，以专家团队为引领，以核心成员为示范，以共同成长为愿景，以课堂教学为阵地，以课题研究为引擎，以往来交流为途径，以多样管理为保障，聚焦教学一线，积极发挥引领示范作用，促进教师专业发展。

这个团队改变了以往单纯的备课，改变了以往开会讲座的培训，也改变了以学校教研组为单位的教研，将教师专业成长的过程建立在动态的、开放的基础之上，将教师的教学视野引向多元开放。工作室要发展，要走向高品质，需要突破和创新，单有精彩课堂的展示、教学教育良方的交流、教学成果的共创共享是不够的，还要将这种精彩进行记录和理性反思，既能够与人分享，也能提升自己。工作室名师马建虎老师以极大的热情与执着，将自己的教育教学思想撰写成文字，与工作室成员集体成果汇编为《散舟史海》，以点燃更多教师的教学激情和梦想。

《散舟史海》记录了工作室成员一起研修的故事，留下了追梦人的青春足迹。工作室与北京市通州区张启凤历史名师工作室、武威市黄煜历史名师工作室

以及兰州二中、兰州五十一中、兰州五十八中、新舟中学等学校的历史组开展课堂交流活动，提升工作室成员的专业素质和课堂教学能力。工作室先后组织成员赴四川、上海、西安、扬州、宜昌、重庆等地参加全国历史学术研讨会，拓宽视野，增长见识。工作室承担研究多个棘手的教育教学问题的课题，这些追梦人携手共研，寻找解决问题的方法与策略，以教研促教学，提升专业素养和课堂教学改革能力。工作室成员在团队中锻炼和成长，又在各自学校的沃土中播撒着专业的种子，绽放着艳丽的花朵。他们中有1人获甘肃省园丁奖，2人成长为兰州市学科带头人，6人成长为兰州市市级骨干教师，10人成长为兰州市区县级骨干教师，6人成长为兰州市教学新秀，4人获区县高考教学成绩突出奖。

教学设计是课堂教学的第一步。《散舟史海》中的每一例教学设计都是工作室成员在解读历史课程标准、解读教材的基础上，围绕学生学情匠心独运，选择适当的史料，设计恰当的问题，构建智慧课堂，培养历史学科素养的典例。

教而不研则浅，研而不思则罔，思而不写则空。《散舟史海》中的每一篇论文都是教师将自己的教育教学实践经验转化为认识写出来，与同人分享，倾听批判的声音，提高自身的教育教学理论，升华自己的教育教学策略，以便更好地指导教学。

学术、使命、情怀，是工作室成员多次参加全国历史学术会议所获得的最深刻的体会，每一次交流学习中都有大家高端引领、新秀崭露头角、思想自由交锋、学术精彩纷呈，令工作室成员开阔了眼界、增长了见识、拓宽了眼界，《散舟史海》中的每一段感想都见证了工作室成员在学习中对历史教学新天地的美丽与神奇的真实感受。

坚持专业阅读，提升阅读品质，是教师专业成长的重要路径。工作室组织读书活动，成员们博观厚积，精读本专业书籍，深耕本专业知识，同时跳出专业束缚，以更宽广的眼光进行跨专业阅读，拓展专业视域，在读中思，在思中读，《散舟史海》中的每篇读书笔记都记录了教师独特的思考和见解。

研学旅行是学校教育和校外教育衔接的创新学习形式，《散舟史海》中课题组师生赴敦煌研学，访问"沙漠渔夫"何延忠，研究敦煌莫高窟壁画颜料与飞天形象的运用，将书本知识和生活经验深度融合，将学校教育与社会教育有机整合，开阔学生的视野，促进实践体验，让学生亲身感受身边普通人创业的故事，培养学生的社会责任感、创新精神和实践能力。提升对学科知识的学习能力，让教育回归生活的本位。

历史教学素材的挖掘与运用是历史新课标背景下历史教师遇到的难题，工作室成员在教学实践中挖掘教学素材，在工作室活动中交流分享。马建虎老师整理汇总了自己在教学中挖掘的经典历史教学素材，在市县历史教师培训中作为专题开设讲座，起到了示范引领作用。

　　"独行快，众行远。"既然"课堂"是实现教育目标的阵地，那我们就要在课堂研究方面再下功夫；既然"视野"是历史教师学识的见证，那我们就要加强学习，加大阅读量来开阔视野；既然"成长"是教师专业发展的追求，那我们的团队就要坚守使命、坚守初心，不断地向上生长。

序
言

目录

教学篇
——匠心独运构建智慧课堂

教研篇
——深思凝练提升专业素养

研修篇

——与时俱进汲取思想精华

阅读篇

——博观厚积丰富精神家园

研学篇

——知行合一深植家国情怀

研训篇

——示范引领形成辐射效应

教 学 篇

——匠心独运构建智慧课堂

兰州市施泽玉首席专家工作室（高中历史施泽玉名师工作室2011年启动，2019年4月升级为首席专家工作室）在多年的教育实践探索中，始终坚持以课堂教学为中心。课堂犹如一面镜子，可以映照出教师的基本素养，可以映照出学校的教育品质，课堂是教学的主阵地，教师的足迹永远在课堂。只有走进课堂、研究课堂，我们的教育才会有希望！正因为如此，工作室要求每位成员要精心雕琢、打磨教学设计，高效完成任务。

完整的课堂教学设计需要解决好四个基本问题：现在在哪里（教材和学情分析）、要去哪里（确立目标）、如何去那里（策略和方法）、是否到达那里了（评价）。教学设计过程中，教学立意最为关键，最能彰显教师的教育思想和智慧，包含着教师的教育思想、历史认知、思维论证等要素，是教学的统帅、灵魂，更是决定课堂教学品质的关键。教学设计立意要有全局观。"不谋全局者，不足以谋一域。不知整体教材者，不能教好一节课。"教学设计还要关注课堂和谐，师生只有在和谐的课堂中才能获得更好的发展，也只有在和谐课堂中才能有更多的人得到发展。教学设计中策略得当，把知识潜移默化、水滴石穿、春雨绵绵地渗透其中。

施泽玉首席专家工作室努力把"突出学科特色，聚焦关键能力，彰显主流价值"的思想渗透在教学设计中。

回应现实，以史为鉴

——《第一次世界大战的后果》教学设计

永登县第一中学　马建虎

【课标要求】

了解第一次世界大战对人类社会发展的影响。

【教学目标】

（一）知识与目标

（1）识记：第一次世界大战的性质；一战给世界带来的灾难；战后欧洲地位下降；美日迅速崛起；世界无产阶级革命运动和民族解放运动的发展；新技术的应用；政府对经济的干预；和平主义思潮。

（2）理解：第一次世界大战对战后人类生活的很多方面都产生了影响。

（二）过程与方法

（1）学会独立思考。在感性认识的基础上不断深入，上升为理性认识，进一步加深对历史事实的理解。

（2）论从史出：从历史图片、历史资料中获取相关信息，认识历史、理解历史、感悟历史。

（3）学会通过讨论分析历史史实的影响。

（三）情感态度与价值观

（1）树立追求和平、关爱生命的人文精神。

（2）引发对"人类如何远离战争"的思考，激发学生为和平而不断努力的责任感。

【教学重点与难点】

（1）重点：珍爱和平，一战使世界格局发生变化，客观上也促进了社会进步。

（2）难点：第一次世界大战对人类社会的影响。

【教学过程】

整体设计说明：本课的教学设计我分了三大块：导入、新课学习、课堂升华。当然，"新课学习"部分是教学重点。本课的核心思想是珍爱和平。

（一）新课导入

1. 采用多媒体导入法

2018年11月11日是第一次世界大战结束100周年纪念日，世界上许多国家开展了多种形式的纪念活动。

英国的艺术设计《血洗之地，红色海洋》（《Blood Swept Lands and Seas of Red》）抓住了整个世界的眼球。志愿者们在伦敦塔城壕处"栽种"888246朵陶瓷制红罂粟花，每一朵都代表一个在一战战场上消逝的生命，或英国将士，或殖民地人民，统统化作大片的红色海洋。从7月17日到11月11日，它们慢慢地爬满了城壕前的大片草坪。这件作品震撼人心，人们落脚，人们驻足，人们侧耳，听着死亡之轮一夜夜的呼唤，默默怀念因战争死去的人。这个作品昭示人们：和平弥足珍贵。

纪念一战停战一百周年的活动在欧洲各地纷纷举行。2018年11月11日，一战停战百年纪念活动在巴黎凯旋门举行，包括俄罗斯总统普京和美国总统特朗普在内超过60位国家及政府领导人齐聚巴黎，出席纪念活动。在这个对于欧洲乃至整个世界来说都具有特殊意义的日子，数十国政要与数以百计的受邀嘉宾及媒体记者齐聚凯旋门，在风雨中共同守望和平。

法国总统马克龙在现场发表讲话，呼吁各国铭记战争的惨痛教训，始终将和平放在首要位置，避免历史悲剧重演。（"永不再战，守望和平"成为活动的主题）

设计说明：导入应力求达到如下两点：一、导入要有历史感；二、导入要体现教学目的。将第一次世界大战100周年的纪念活动情节作为导入环节，是一个不错的手段。英国的艺术设计《血洗之地，红色海洋》中大片红色罂粟花首先对学生形成强烈的视觉冲击，对应"888246"的死亡精准数字，进

一步震撼人们心灵。更大规模的巴黎纪念活动，超过60位国家及政府领导人出席纪念活动，他们代表世界人民在巴黎风雨中共同守望和平，学生可以感受到一战给人们带来的沉痛教训，牢记"永不再战，守望和平"。这样的导入，一下子拉近了历史和现实的距离，后面就可以轻松进入"新课学习"了。

过渡：今天，我们回到100年前的一战。1918年11月11日，打了四年多的战争结束了，第一次世界大战到底给世界带来了怎样的影响？我们一起来回顾。

（二）新课学习

1. 主题一：人类灾难

（1）一战给人类带来了巨大的灾难。

师：一战总共持续了4年零3个月。（展示一组图片）战争刚开始的时候，年轻人在爱国主义的感召下踊跃参军，这是多么荣耀的事情，又是多么令人兴奋和好玩的一次旅行。因为到处都宣传圣诞节就可以结束战争回家了。事实真是这样吗？战争一点儿都不浪漫，圣诞节结束成了谎言，最新的科技变成了杀人武器。这个士兵不知道给谁写信（给爸爸？给妈妈？给妻子……），也不知道写的什么内容，但战争的厄运却在等待着他们（课件展示）。毒浪使英法军队感到鼻腔、咽喉的痛，随后有些人窒息而死……这样的现象在欧洲的战场随处可见。1918年11月11日，战争终于结束了。

学生活动：有感情地朗读1918年11月11日法国女子丹尼斯·布鲁勒给未婚夫的信，体验战争结束时人们的感情。

师：战争给人类带来多大的灾难，我们一起看看第一次世界大战的清单，让这些触目惊心的数据来说话。

表1

战争历时	4年零3个多月（1914.7.28—1918.11.11）
参战国家	30多个国家
战争范围	14个国家的400万平方千米以上土地
卷入人口	超过15亿（占世界人口67%）
参战人员	7000多万
伤亡人员	3000多万，另有1000万人因饥饿和瘟疫死去，350万人终身残疾。
经济损失	3400多亿美元

注：一战中的死亡人数相当于在过去1000年间欧洲发生的所有战争中死亡总人数的两倍，欧洲的工业倒退了8年。

思考问题：以上材料告诉了我们什么？

答案提示：一战给人类带来了巨大的灾难。

设计说明：本节课第一次世界大战的后果，我分了四个主题设计。主题一：人类灾难；主题二：大战后的欧洲——毁灭与衰落；主题三：催生新世界；主题四：促进社会进步。在"主题一：人类灾难"的学习中，通过一战时的真实图片和信件（这些材料是一手资料，这样设计才会更有历史感），让学生真切感受历史、感受战争，因为真实的情景、真实的情感是最能打动人心的。然后再通过具体的数字了解战争的历时、参战国家、战争范围、卷入人口、参战人数、伤亡人数、经济损失，这样设计有利于学生直观地理解一战的残酷性、灾难性。

过渡：为什么要进行战争？

材料：德国的目的是实现世界霸权……德国还要摧垮英国的海上垄断权，夺取英、法的殖民地。奥匈帝国的目的是奴役巴尔干，使塞尔维亚沦为附属国……英国的目的是保住世界霸主地位，打败最大的竞争对手德国，瓜分德国的殖民地和德国舰队……法国的目的是收复阿尔萨斯和洛林，进而夺取德国的萨尔区……树立法国在欧洲大陆的霸主地位。俄国的目的是摧毁德、奥在土耳其和巴尔干的势力，确立自己在这一地区的统治……日本的参战，是为了夺取德国在太平洋上的属地和攫取德国在我国山东的权益……意大利则要在地中海建立霸权……美国参战是为了捞取战利品，争夺战后世界霸权。

——吴于廑、齐世荣主编《世界史·现代编》上册

性质：第一次世界大战是帝国主义的非正义战争，只有塞尔维亚和比利时进行的战争具有民族解放性质，但从全局看，这并不能改变整个战争的非正义性质。

设计说明：课本一开始就讲性质，但对战争性质的分析，往往过于枯燥。因此，我重新整合内容，把性质分析放在战争灾难之后。在前面学生对战争残酷性了解的基础上，顺势提出问题："这样的战争为什么就打起来了？"带着疑问，引导学生阅读材料，自己就能得出结论了。

2. 主题二：大战后的欧洲——毁灭与衰落

材料：大战后的欧洲（一）。

战前：欧洲的海外投资额每年高达3.5亿英镑。1913年，世界制成品出口的60%来自欧洲的英、法、德三国。英国伦敦是世界金融中心。

战后：国际金融中心的地位开始从伦敦向美国纽约转移。1914—1918年，英国海外投资额下降50%。1913—1920年，欧洲制造业产值下降23%。

（1）思考问题：上述材料反映了一战后欧洲什么样的经济状况？

材料：大战后的欧洲（二）。

在反对战争的工人中间，存在着一种不仅是不满，而且是愤怒和反抗的强烈意识。所有现存的政治、社会和经济方面的秩序都受到了欧洲各地广大人民的怀疑。

——贝克《伍德罗·威尔逊和世界和解》

不满的呼声每天都有。人民需要和平。我们正坐在一座露天火药库上，总有一天，一颗火星便能将它点燃。

——西摩《豪斯上校的私人文件》

（2）思考问题：材料反映了一战后欧洲什么样的政治状况？

材料：大战后的欧洲（三）。

《永别了武器》解读：通过描述二人的爱情，作品揭示了战争的荒唐和残酷的本质，反映了战争中人与人之间的相互残杀以及战争对人的精神和情感的摧毁。这些人悲观、怀疑、绝望。

（3）思考问题：欧洲发达的文明为什么丧失了理性？

一战带给人们巨大的灾难和无尽的心灵创伤，迫使人们重新审视欧洲文明。

在精神领域，人们失去了战前的乐观主义，对诞生于西欧的曾经引以为豪的民主、自由、平等等观念产生了怀疑，忧心忡忡，充满了幻灭感和危机感。

——岳麓版《20世纪战争与和平》

（4）战争摧毁了欧洲四大帝国：奥匈帝国、沙皇俄国、奥斯曼土耳其帝国、德意志帝国。

一战后，欧洲还是世界政治舞台的唯一中心吗？

以欧洲为中心的世界格局严重动摇。

1851年5月1日，万国博览会在伦敦开幕，英国女王维多利亚怀着从未有过的骄傲和自信前往水晶宫为万国博览会剪彩，女王当时反复使用一个词语来表达自己的兴奋之情：荣光、荣光、无尽的荣光。

整个欧洲的灯火正在熄灭，我们此生都看不到它们再亮起来了。

——英国外长格雷

灯光：人性和理性之光。（欧洲人宣扬西方的文明是人类文明的最高境界）

熄灭："仁爱""博爱"变成了疯狂的"搏杀"，以及人性的扭曲、理性的缺失、战争的残酷。

一战给欧洲带来了深刻的经济和政治危机。

设计说明："主题二：大战后的欧洲——毁灭与衰落"。我从政治、经济、思想文化三方面设计，通过不同的史料，让学生分析，得出结论：欧洲世界中心的地位已经发生动摇。在教学方法上，强调论从史出，理性思考。高中生应该加大史料实证和历史解析方面的训练。从思想认识上，向学生渗透"发动战争不可能推动国家发展"的理念。

3. 主题三：催生新世界

材料：

美国获得百年难逢的发财良机。大战结束时，全世界进出口总额减少了40%，而美国的进出口贸易却猛烈扩大……到1919年，协约国欠美国债务约100亿美元，世界黄金储备的40%在美国手中。

日本利用"大战的天赐良机"趁火打劫，掠夺殖民地，扩张海外市场。日本基本上由农业国变成资本主义工业国，由债务国变成了债权国。

英国的对外贸易联系被破坏了，使它不能像过去那样执世界之牛耳。沿着盛极而衰的下坡路跌落。

法国在战争中被德军占领了经济发达的10个省，工农业生产损失严重。

沙皇俄国永远从帝国主义列强的名单中勾销了。

德国战败，受到的削弱比英法更甚，并且陷入经济困境。

——《世界经济史》

思考问题：上述材料说明了什么？

解析：一战使欧洲普遍衰落的同时，有些国家却不是这样，如美国、日本则迅速崛起。这说明一个问题：一战改变世界旧格局。

过渡：第一次世界大战催生了哪些新生的力量，正在改变着世界？

（1）催生新的世界力量：（一）俄国十月革命。

十月革命是人类历史上第一次胜利的社会主义革命，建立了第一个无产阶级领导的国家，极大地震撼了资本主义世界。十月革命向全世界宣告崭新的社会制度由理想变为现实。十月革命沉重地打击了帝国主义的统治，极大地鼓舞了国际无产阶级革命运动和殖民地半殖民地被压迫民族的解放运动。对整个人类社会的发展都产生了巨大的影响。

（2）催生新的世界力量：（二）美日的发展。

战前，欧洲似乎可以号令一切。可是，第一次世界大战的进程表明，欧洲仅靠自己的力量甚至不能解决欧洲自身的问题。欧洲需要美国、日本、英国的海外领地和其他国家的参与，需要它们经济、政治和军事的支援，才最后定出战争胜负。

材料：

美国的亿万富翁们……发财最多。他们把所有的国家，甚至最富有的国家，都变成了向自己进贡的国家。他们掠夺了数千亿美元……每一块美元都有血迹，都有一千万死者和二千万伤者……所洒下的鲜血。

——列宁《给美国工人的信》

思考问题：材料说明了什么？（阅读课本P19第三段，指出具体表现）

这场大战对人类造成了巨大的物质和精神损害，却给美国带来了巨额利润。

（展示课件数据资料印证课本）

思考问题：一战后，美国和日本为什么会迅速崛起？

① 美国。

原因：远离战场，本土未遭战火；美国的参战以及不断向协约国提供军火、商品和贷款，进一步刺激了经济的发展。

国际金融中心开始从伦敦转向纽约。在第一次世界大战以前，伦敦是国际金融中心。当时40％的国际贸易是以英镑结算的，英国的海外投资占西方对外总投资的一半以上。战后，纽约成为世界重要的金融中心，与伦敦平分秋色。

②日本。

原因：在大战中接受了协约国的大量定单；趁欧美列强无暇东顾之际向中国和太平洋地区扩展势力。（强占了中国的青岛，还强迫袁世凯政府接受《二十一条》，妄图独吞整个中国）

表现：（阅读课本）日本在远东和太平洋地区的势力范围扩大；日本经济在大战期间得到长足发展，从农业国变成工业国，由债务国变成债权国。

（3）催生新的世界力量：（三）民族解放运动。

材料：

这场战争既是一个结局，也是一个开端。世界上较蒙昧的人们决不再仅仅占据他们以前所占据的地方。在他们所占据的地方，迟早将出现独立的中国、自治的印度、代议制的埃及、非洲人的而不仅仅是供他人进行商业剥削的非洲。

——基尔生《变化世界中美国的困境》

思考问题：材料中"较蒙昧的人们"是指谁？

殖民地半殖民地人民。

思考问题：一战以后这些人们的国家掀起了什么运动？

民族解放运动。

在俄国十月社会主义革命的推动下，战后民族解放运动掀起新高潮。如土耳其凯末尔领导的资产阶级革命取得胜利，印度爆发了甘地领导的"非暴力不合作"运动，中国也发生了著名的五四运动，这些都沉重打击了帝国主义的势力，冲击了帝国主义的世界秩序。

说明：在当代革命中，东方各民族为了不再仅仅充当别国发财的对象而参与决定世界命运的时期到来了。

（4）催生新的世界力量：（四）建立了人类历史上第一个世界性国际政治组织——国际联盟。

一战激起了反战和平思潮，一些有识之士认为，有必要建立一个政治性的国际组织，防止大战发生，维护世界和平。大战期间，美国总统威尔逊提出了建立国际联盟的主张。在巴黎和会上，国际联盟盟约被通过。

国际联盟（以下简称"国联"）的宗旨是减少武器数目、平息国际纠纷及维持民众的生活水平。国联在以后的近二十年并未真正发挥维护世界和

平的作用，但是为后来成立联合国创造了条件，第二次世界大战后被联合国取代。

中国于1920年6月29日加入国际联盟。

设计说明：一战在摧毁传统欧洲的同时，也催生了新的世界力量。我们设计四组对世界产生最具影响力的政治力量，通过史料解读、数据分析、图片展示说明世界局势在新的力量的推动下正在发生变化，以欧洲为中心的传统格局发生了动摇。

4. 主题四：促进社会进步

（1）第一次世界大战成为新技术发展的催化剂。

① 展示工业革命成就。

工业革命的成就，这本来是人类的财富。

② 战争开始后，科学技术转为军事武器。

思考问题：新式武器在战争中的作用。

飞机、汽车、化工技术等第二次工业革命的最新成果在战争中得到了广泛的应用。战争由原来的陆上、海上等平面空间，向陆地、天空、水下三维立体空间转化，战争时间的规模更大、更残酷了。在第一次世界大战期间，德国共对英国领土发动了53次飞艇空袭，投下5700枚炸弹，炸死了556名平民。战争已经使前方和后方变得模糊了。1918年，英国皇家空军建立。这是世界上第一支独立的空军兵种部队。

③ 战争结束后，军事技术转为民用。

探究问题一：如何看待科技进步在人类社会发展中的作用？

（2）第一次世界大战促使政府机构改变了职能，开始了国家对经济的干预。

主要资本主义国家传统的经济政策是自由放任，政府对经济不加干预。在战争初期，各国政府都没有做好长期战争的准备，因而也没有对经济加以干预。随着战争时间的延长，各国不得不建立起一整套专门机构，以有效利用全国的人力物力，达到"总体战"的要求。这些机构着手干预私人企业的投资方向，负责分配政府定单，控制原材料的供应，协调各种经济关系，垄断对外贸易，开始了国家对经济的干预。也就是说，罗斯福新政之前，政府干预经济已经有了萌芽。

（3）客观上提高了妇女的地位。

1914年7月28日，第一次世界大战爆发。男人们都上了战场，很多人长眠他乡。女人们开始独立持家，她们剪短了头发，把裙子换成了工装，制造炮弹、开有轨电车、焊接金属……也有一些女人上了战场，成为护士或者战士。

课件说明：女人甚至给炮弹装TNT炸药，英国至少有400名妇女在战时死于TNT炸药。哈姆弗雷·沃德夫人在1916年给美国朋友的一封信中称，这些制造炸药的女性"一天工作10个半小时，甚至12个小时，一周7天"。

课件说明：在俄国，1917年，以雅什卡为首的女人们成立了"妇女敢死营"，到前线参战。当年就有2000多妇女报名参加。

女性在社会、经济等各方面的重要性日益提升，女性的社会地位也必然提高，女权运动蓬勃兴起。

（4）第一次世界大战改变了人们的思想观念，和平主义思潮盛行。

大战造成的巨大伤亡和破坏在人们心中留下了长久的阴影，导致和平主义思想盛行一时。

由于大批农民被征入伍，以致许多土地荒芜，农畜产品普遍减产，物价不断上涨。1916—1917年间的严寒冬季给交战各国的劳动人民带来深重的灾难，许多人冻饿而死。人们越来越怀疑究竟为什么要打这场战争。随着交战国经济危机的加深，人民的反战运动日益高涨。法国的罢工人数1916年为41000人，1917年猛增至29万人，罢工工人提出了"打倒战争"的响亮口号。德国1917年4月的罢工最为激烈，参加人数达30万，工人们强烈要求实现不兼并别国领土的和平。前线士兵的反战情绪高昂。1917年5、6两月的法国兵变最有代表性，大约有3—4万士兵拒绝执行作战的命令，他们说再也不愿为每日的5个苏（相当于1/4法郎）去送命。

设计说明："主题四：促进社会进步"是实现本课教学目标的重要部分，内容包括四部分。第一部分"第一次世界大战成为新技术发展的催化剂"中，通过"战争开始后，科学技术转为军事武器"到"战争结束后，军事技术转为民用"的过程，引导学生分析科技进步在人类社会发展中的作用，再通过联合国对"铸剑为犁"青铜雕塑的解读提升认识，培养学生树立唯物史观。第二部分"第一次世界大战促使政府机构改变了职能"，因在历史必修二第六单元"世界资本主义经济政策的调整"中已经学习了相关知

识，因此点到为止就可以了。第三部分"一战客观上提高了妇女的地位"，生动地说明一战中妇女进入了工厂，踏上了战场，女性在社会、经济等各方面的重要性日益提升，女性的社会地位必然提高。战后，女权运动蓬勃兴起。第四部分是"第一次世界大战改变了人们的思想观念"，大战导致了惨重的伤亡，对经济发展造成了巨大的破坏，引发了严重的经济政治危机。这就迫使人们思考究竟为什么要打这场战争，引起了人民要求和平、反对战争运动的高涨。反战和平思潮直到今天还有重要影响。

【合作探究】

探究问题：学生分小组讨论，小组展示讨论结果。

师：结合今天的社会发展形势和国际关系，我们应该如何看待战争与和平？我们把这个问题分解成三个小问题思考：今天还有战争的可能吗？我们坚持什么态度？我们能做什么？

设计说明：该部分是对本课教学内容的升华，而"煮酒论史"（学生讨论）环节也是对教师功底的再次检阅。为了降低难度，在设计中我将讨论题分成三个小问题：今天还有战争的可能吗？我们坚持什么态度？我们能做什么？使学生思考有一定的方向性。在讨论中，学生可能会产生很多生成性的讨论结果，这就要求教师在实际操作前将学生可能出现的思维预设几种不同类别，做好相应预案。例如，倘有学生在讨论中提到"战争的好处"时，教师就不可回避，需及时肯定这种反思精神，理性化解这一困惑。课堂最后可选读习近平主席对和平的经典论述结束本课。设计意图是把中国人民的和平思想智慧展示出来，理解中国为世界和平贡献中国智慧，提升学生对和平思想的深层理解。

【教学反思】

"一课一灵魂"，这是本课设计定稿于此的最大感慨。课堂要围绕灵魂展开，必须用真正的历史智慧开启学生的思维。

本课设计的宗旨是要实现有效性教学。从学生反馈来看，该目标基本达到。这份成绩是我们高中历史施泽玉名师工作室的精英们集体智慧的结晶，是团队拼搏的成果。在此，我要对背后的这支团队表示由衷的感谢！

【课外作业】

调查探究：请同学们搜集中国参加一战的状况，写一些自己的感想。

参考资料：一战期间，总计约14万华工被法国和英国招募至欧洲战场，留下许多可歌可泣的事迹。法国总统马克龙曾向一战赴法华工致敬，表示"在这苦难的时刻，他们是我们的兄弟"。

注：2019年12月《〈第一次世界大战的后果〉教学设计》获甘肃省教育科学研究院"甘肃省2019年学前教育、中小学高等教育、教学优秀论文评选活动一等奖"。

换个角度读商业
——《古代商业的发展》教学设计

永登县第一中学　包丰年

【教材分析】

《课程标准》关于本课内容的要求是："概述古代中国商业发展的概貌，了解古代商业发展的特点。"中国古代商业是古代农耕文明的重要组成部分，同时又呈现出独特的商业文明特质。在古代政府长期的抑商背景下，商业仍然保有其活力，不断向前发展。

【学情分析】

本课内容时间跨度大，知识点多，空间广泛，涉及国内外内容。学生有初中历史学习的一些片段知识，有一定的基础，但这种跨越整个古代的专题结构对学生学习仍有一定的困难。

【教学目标】

（一）知识与能力

了解我国古代商业在商人、商品、货币、市场和商路等方面的概况，分析五个方面的概况与特征；探究古代商业发展的影响因素，培养学生多角度分析问题的能力。

（二）过程与方法

归纳法、分析插图、历史比较、阅读法和讨论法。

（三）情感态度与价值观

了解商业活动在人类社会生产和生活中具有的重要地位和作用，理解古代商业文明是中华文明的重要组成部分，感悟商业活动中诚信、进取的精神。

【教学重点】

中国古代商业发展的表现及特点。

【教学难点】

影响商业发展的因素。

【教学立意】

中国古代商业在限制中不断突破向前发展，保持其独特的活力，商业的发展促进了经济的发展、社会的进步。通过学习，感受中国古代商业文化，感悟商业的发展需要构建一个公平、开放、文明的社会环境，使学生树立关注社会、为社会服务的思想。

【教学过程】

导入：展示马踏飞燕、雍凉之都的图片。

设计意图：因为本节公开课在武威八中展示，所以我从甘肃武威著名的建筑入手，引出武威曾作为丝绸之路关隘城市的繁荣商业史，拉近师生距离，增强互动，激发学生学习的兴趣。

（一）商业发展的要素

问题1：说到商业，同学们认为商业的发展需要哪些基本要素呢？

学生思考，教师小结：在商业活动中，商人是主体，商品是交易内容，货币是交易媒介，市场是交易场所，国内外贸易是交易范围，缺一不可。

设计意图：构建本课线索。

商人：从先秦大商到明清商帮。

（1）教师讲解"商人"的来历。

（2）使用图片和文字材料使学生了解春秋战国时期出现的大商人。

（3）出示明清商帮材料。

材料一：乔家大院位于山西祁县，素有"皇家有故宫，民宅看乔家"之说。乔致庸经商之道："薄利多销，维护信誉，不弄虚伪。"

材料二：山西商帮（晋商）：义中取利，信誉第一；徽州商帮（徽商）：贾而好儒，财自道生。

问题2：一个成功的商人应该具备怎样的品质？

学生思考并回答。

教师小结：商帮是以地域为中心，以血缘、乡谊为纽带，以会馆为联系的商人群体。明清时期出现众多商帮，其中实力最强的是晋商与徽商。晋商秉承"义中取利，信誉第一"。晋商中的代表人物是乔氏家族。乔家大院现在是中国5A级景区，重点文物保护单位。徽商信奉"贾而好儒，财自道生"。徽商十分重视家族子弟教育，家族中出过大批进士、状元。徽商比晋商多了点官商色彩。红顶商人胡雪岩创办的胡庆余堂历经百年，仍坚持诚信传统不变，于2006年因浓厚的中药文化入围首批国家非物质遗产名录。从先秦大商人到明清商帮，商业的发展带来的不仅是物质财富的积累和诚信、开拓的商业精神，还有丰富的文化遗产，这都是中华传统文明的重要组成部分。

设计意图：通过图片和文字材料展示，引导学生对问题进行思考，了解"商人"的来历、先秦大商和明清商帮发展的概况，感悟商业精神，领悟商业活动留给我们的文化遗产。

商品：从钟鸣鼎食到布衣黔首。

材料一："……求珠驾沧海，采玉上荆衡。北买党项马，西擒吐蕃鹦。炎洲布火浣，蜀地锦织成。……通算衣食费，不计远近程。经游天下遍，却到长安城。……先问十常侍，次求百公卿……"

——（唐）元稹：《估客行》

材料二：明代随着国家政治、经济的稳定，广东农业结构日益向商品化转变，出现了桑、蚕、茶、鱼、水果、甘蔗等200多种经济作物。

问题3：古代交易商品有哪些？

学生读材料分析。教师总结：明清前商品多是各地土特产品，供贵族使用的奢侈品。明清时期，大量农副产品进入市场。

设计意图：培养学生提取信息的能力。

货币：从天然到人造规范。

（1）利用图片引导学生了解中国古代货币的发展概况。

（2）出示唐代首富王元宝买卖琉璃的情景小故事。

问题4：王元宝在贩卖琉璃途中遇到了哪些问题？请同学们为他排忧解难。

学生结合课本P12"学思之窗"思考。

教师小结：唐代柜坊、飞钱和邸店的出现便利了商业的交流往来，促进了商业的发展。

设计意图：利用情景故事激发学生学习的兴趣。

城市：从规范之美到自由之风。

材料：

> "凡市，以日中击鼓三百声，而众以会，日入前七刻，击钲三百声，而众以散。"
>
> ——《新唐书》

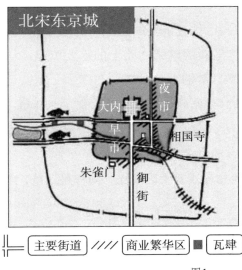

| 主要街道 | //// 商业繁华区 | ■ 瓦肆 |

图1

问题5：读图想一想，哪个城市的市民生活更方便？为什么？

学生对比分析，教师总结：唐代长安城是以往城市的总结，规范严谨。商业活动受到时空限制，官府设官吏管理市场，唐代市场繁荣受限，城市以政治职能为主，经济职能为辅。北宋东京城打破时空限制，形成繁华的商业街市，甚至出现了专门市场，城市经济职能加强，市民生活更方便。北宋时期，商业税成为政府财政收入的重要来源，政府被迫放松对商业的限制。政

策的宽松也促进了北宋商业的繁荣。

设计意图：通过两个典型时期城市市场发展的对比，培养学生对比分析的能力，了解城市的变迁和城市职能的发展趋势，体会商业发展的自由精神。

商路：从大漠驼铃到南海风帆。

（1）出示汉代与宋代丝绸之路的图片。

问题6：从汉到宋，中国通往海外商路的变化。

学生思考，教师总结：两汉时期，海陆丝绸之路都已开通，但以陆上为主；到宋代，海上丝绸之路更为繁荣，开拓了对外商路。在商品流通的同时，还有各地文明的交融。

设计意图：学生了解中国古代对外商路的发展变化，领悟在商业交流的同时，各地文化的交融。

（2）出示"一带一路"图片。

师：今天，我们重建"一带一路"，它是古代海陆丝绸之路的延续。"一带一路"建设有利于缩小中国区域经济发展的不平衡，为全球化注入了新的活力。今天的甘肃武威仍然是新的丝绸之路上的重要节点。"一带一路"也是实现中华民族伟大复兴中国梦的重大战略。

设计意图：拓展丝绸之路在21世纪的新发展概况，使学生理解"一带一路"在今天的重要战略意义，提升民族自信。同时点出甘肃武威在新丝绸之路上的重要地位，增强学生对家乡的自豪感。

问题7：明郑和下西洋与哥伦布发现新大陆对比，同样是远航，结果为何不同？

学生思考回答，教师总结：郑和下西洋是官方贸易，属于赏赐型贸易，目的不在盈利，为的是宣扬国威，对国库造成巨大负担后停止。中国作为农业文明古国，重农抑商，将商业当作农业发展的附属行业，阻碍了商业的发展。

设计意图：融入全球史观，在对比中反思中国落后于世界的原因。

（二）古代中国商业发展的特点

（1）商人：从先秦大商到明清商帮。

（2）货币：从天然到金属，从单一到多种，出现纸币和金融服务机构。

（3）城市：经济职能增强，城市打破时空限制。

（4）商品：商品种类越来越多。

（5）商路：从汉到元，海外贸易发达；明清闭关锁国。

教师总结：中国古代商业在限制中不断突破，向前发展。

设计意图：加深学生理解。

（三）聚焦热点，播放中美贸易战有关视频

问题8：以史为镜，聚焦当今，我们今天的经济发展如何呢？同学们有什么感受？

学生回答，教师小结：今天的中国经济总量世界第二，中国正在强大起来，已不是百年前那个因为闭关锁国而落后于世界的国家。

问题9：中国今天经济发展取得的成就与哪些因素有关？同学们知道中国新四大发明都是什么吗？

学生思考回答，教师总结：政治方面，改革开放的政策，安定的国内环境；经济方面上，农业、手工业的发展；其他方面，交通的发展。

设计意图：通过热点视频，使学生理解促进商业发展的因素，深切感受国家的强大给商业发展带来了安定的环境，政府对外开放的政策对推动中国经济迅猛发展的重要意义。

（四）课堂小结

从先秦到明清，中国古代商业在抑商的限制下不断突破，向前发展。

（五）课后练习：易错易混辨析

（1）中国古代，商人的地位一直很低下。（错误）

（2）唐代的柜坊是兼营旅店的货栈和交易场所。（错误）

（3）宋代的商业发展进入一个新阶段，市和坊的界限被打破。（正确）

注：2018年11月，论文《古代商业发展》获甘肃省教育科学研究院"甘肃省2018年学前教育、中小学高等教育、教学优秀论文评选活动"二等奖。

教学篇——匠心独运构建智慧课堂

三千年未有之大变局

——《鸦片战争》教学设计

永登县第一中学　马建虎

【教学目标】

（一）知识与能力目标

（1）识记虎门销烟、两次鸦片战争的基本史实，识记《南京条约》《天津条约》和《北京条约》的内容。

（2）理解英国悍然发动鸦片战争、英法发动第二次鸦片战争的原因，认识鸦片战争后签订的一系列不平等条约对中国的影响。

（3）通过讨论分析"鸦片战争的失败能否避免"，帮助学生认识到清政府失败的必然性。

（二）过程与方法目标

（1）通过战争视频引入，引起学生学习的兴趣。

（2）通过请学生归纳战前交战双方的基本情况，培养学生研读和阐释史料的能力。

（3）通过指导学生观看鸦片战争经过示意图，培养学生读图、识图的能力。

（4）通过学生对两次鸦片战争的比较，提高学生进行历史比较的思维能力。

（三）情感、态度、价值观

（1）通过讲述鸦片对人体的危害，对学生进行"热爱生命，远离毒品"的情感教育。

（2）通过分析两次鸦片战争的原因及结果，使学生认识到"弱国无外交""落后就要挨打"的历史规律，从而激发学生立志为中华民族的伟大复兴而努力学习的精神。

（3）通过讲述战争过程中涌现出来的一大批可歌可泣的民族英雄抗击侵略的事迹，培养学生感悟历史的能力，激发其爱国热情。

【教学重难点】

（1）教学重点：着重于分析两次鸦片战争的背景，理解中国战败的原因。

（2）教学难点：如何认识战争的失败对中国的影响。

【教学方法】

根据课程标准、教学目标和本课的实际情况，本课的教学方法以讲授法、问答法为主，辅之以图示法、讨论法、比较法，由浅入深，步步推进，构建完整的知识体系。

【教学用具】

（1）电脑平台、多媒体设备。

（2）教师准备关于虎门销烟、鸦片战争的视频、资料，并制成多媒体课件。

【教学过程】

导入新课：播放视频一《卡梅伦访华》。

2013年底，英国首相卡梅伦率史上最大的代表团访问中国。这个代表团访华的最重要目的是什么？（和中国做买卖）中国政府的态度又是如何？2014年，中国领导人频繁访问欧洲，说明中国正以开放的姿态和世界交流。我们时空穿越到1793年英国使团来访，中国又是如何对待的？

播放视频二《马戛尔尼访华》。

中英两国远隔重洋，一个在亚欧大陆东端，一个在亚欧大陆西端。五六个月辗转到中国目的何在？清政府的态度如何？

清政府的反应：自大，对英国使者的不懂礼仪震怒，对通商口岸广州十三行做了更严格的限制。

马戛尔尼的认识："中华帝国只是一艘破败不堪的旧船，只是幸运地有了几位谨慎的船长才使它在近150年期间没有沉没。它那巨大的躯壳使周围的邻国见了害怕。"

设计目的：通过对比让学生建立时空构架，更深刻理解鸦片战争前中国的社会面貌。

（一）鸦片战争的背景（虎门销烟）

1. 鸦片战争前夕的国内外形势

师：认真阅读教材前言和一、二自然段的内容，画出能够反映鸦片战争前中国和英国具体情况的关键词句。老师会给大家一分钟的时间，然后请一位同学给大家归纳"鸦片战争前夕的国内外形势"。

展示ppt表格，引导学生填图表。

英国：确立了资本主义制度、工业革命、船坚炮利、殖民扩张。

中国：封建专制统治、吏治腐败、自然经济为主、土地兼并、财政困难、军备废弛、军队战斗力弱、闭关锁国，虚骄自大。

学生回答（略）。

1793年后的30多年，英国的工业革命蓬蓬勃勃，以前所未有的热情与速度向前奔跑。而中国依然浑浑噩噩，做着"天朝上国""万邦来朝""四海宾服"的美梦。

中国地广人多，市场大，英国的胃口也大。英国要求打开中国市场，而清政府实行骄傲自大、闭关自守的对外政策，两者矛盾纠结，战争必然爆发。

得出鸦片战争爆发的根本原因：英国完成工业革命后，强烈需要原料产地和商品销售市场。

2. 虎门销烟

创设问题情景，让学生自主学习探究解决，教师点评。

（1）在中英正常贸易中，英国向中国输入的主要商品有哪些？销售情况及其原因如何？

鸦片战争前，英国最初试图用商品打开中国的大门。但是鸦片战争前，在正当的中英贸易中，英国输入中国呢绒、棉纺织品、金属制品等工业品，而中国的自然经济能够自给自足，不太需要这些工业品，加上清政府闭关政策的限制，其产品成了典型的"滞销品"，没有人要。相反，英国从中国购买的茶叶、生丝、药材等物品，尽管有些是奢侈品，价格昂贵，但在西方却是"香饽饽""畅销品牌"，可能还是免检产品。这样，在中英正当贸易中，中国长期处于出超地位，英国大量白银流入中国（1813—1831年中英贸易的图表反映）。

（2）为了扭转贸易逆差，英国采取了什么方法？

通过正当贸易不能打开中国的大门，为了扭转中英贸易逆差，英国开始向中国走私鸦片。（从材料一可以看出：1799—1838年，英国向中国输入鸦片数量激增）

马克思在揭露资本的罪恶时说："资本害怕没有利润，或利润太少，就像自然界害怕真空一样，一旦有适当的利润，资本就胆大起来。如果有10％的利润，它就保证到处被使用；20％的利润，它就胆大起来；50％的利润，它就铤而走险；100％的利润，它就敢践踏一切人间法律；300％的利润，它就敢犯任何罪行。"

（3）英国走私鸦片的罪恶行径给中国造成哪些危害？

白银大量外流，中国人民的身心健康受到严重摧残，不利于社会的稳定等。

多媒体展示《英国输入中国鸦片激增表》、林则徐上书，《鸦片战争前中英贸易情况表》。

通过三则材料展示鸦片走私的危害：

材料一：烟馆里正在吞云吐雾的中国人（图片）。

反映：摧残了中国人民的身心健康。

材料二：当鸦片未盛行之时，吸食者不过害及其身，故杖徒已足蔽辜；迨流毒于天下，则为害甚巨，法当从严。若犹泄泄视之，是使数十年后，中原几无可以御敌之兵，且无可以充饷之银。兴思及此，能不股栗！

——《林则徐集·奏稿中》

反映：造成兵弱银荒的局面，加深清政府的统治危机。

材料三：吸毒人数：200万/35年。

掠夺白银：3～4亿元/40年。

说明：中国白银大量外流，清政府财政困难。

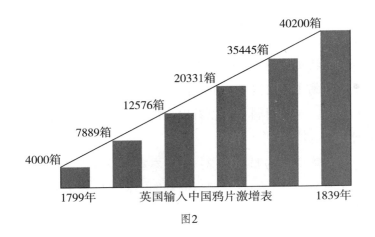

图2

三则材料中涉及鸦片输入的主要危害有哪些?

（答案即三则材料的三点危害）

解读：1832年，广东省百里加急奏折，折子呈报清军镇压广东农民骚乱而失败的消息，原因是雨天鸦片烟管无法点火，造成士气不振。如此匪夷所思的戏码，让见多识广的道光皇帝怎么都难以接受。

林则徐为道光皇帝算了一笔账，吸烟者一天需费一钱，一年就是三十六两，四万万人口若有百分之一吸食，年漏银就不止万万两了。

鸦片走私给中国带来严重的社会问题，如何解决鸦片走私问题，成为朝野关注的焦点。

设计目的：这样设计可培养学生的观察能力，提高学生归纳、提取有效信息的能力。

过渡：面对大量鸦片走私，作为当时统治者的道光皇帝应该会采取什么行动？假如你是清朝统治者，面对鸦片走私带来的严峻局势，将会采取什么措施？

作为大臣林则徐有何表现？

道光皇帝任命林则徐为钦差大臣，到广州组织禁烟工作。

多媒体展示：林则徐："若鸦片一日未绝，本大臣一日不回，誓与此事相始终，断无中止之理。""苟利国家生死以，岂因祸福避趋之。"和虎门销烟图。

设问：

（1）材料体现了林则徐的什么精神？

反抗外国侵略决心及为国家民族利益自我牺牲的爱国精神。

有人说："若没有林则徐的禁烟运动，就不会有中英鸦片战争。"对此你有何看法？

英国政府为了从根本上打开中国市场，打着保护中英贸易的旗号，发动了鸦片战争。

展示材料：

英国议会以271票对262票的9票微弱优势，通过了支持军费案、派兵侵略中国的对华政策。

9票！的确是一个很不起眼的数字。但就是区区9票，从法律程序上摁下了一场罪恶战争爆发的按钮。这场战争又进而改变了一个世界上历史最悠久、人口最众多的民族的整个发展方向

（虎门销烟）把能给我们大英帝国带来无限利益的大批的商品，全部给予销毁！这是我大英帝国的奇耻大辱！我要求议会批准政府派遣远征军去惩罚那个极其野蛮的国家！要狠狠地教训它！要迫使它开放更多的港口，要保护我们天经地义的合法贸易！"

——时任英国外交大臣巴麦尊

展示两则材料：

材料一：中国禁烟运动"给了我们一个战争的机会……可以使我们终于乘战胜之余威，提出我们自己的条件，强迫中国接受。这种机会也许不会再来，是不可能轻易放过的"。

——《安得鲁·韩德森致拉本特函》

材料二："这是把我们将来和这个帝国（指中国）的商务，安放在稳固而广阔的基础之上的最有希望的机会。"

——《义律致巴麦尊私人机密件》

由学生思考回答后，最后得出结论：

英国发动鸦片战争是由工业革命、资本主义发展推动的，根本目的在于打开中国大门，变中国为它的商品市场和原料产地。中国的禁烟运动仅是英国发动战争的借口和导火线，如果没有林则徐领导的禁烟运动，英国资产阶

级必然会寻找其他借口挑起战争。

（二）鸦片战争

1. 鸦片战争的经过

利用ppt动态展示图展现鸦片战争的主要过程，可以分为两个阶段：

（1）1840年战争开始——琦善同英军谈判。

（2）1841年英军扩大战争——1842年战争结束。

地图动态显示（略）。

把问题的重点放在中国爱国官兵和人民群众在鸦片战争中的英勇抗争上。引导学生把中国军民的反侵略斗争概括为：

（1）人民群众的自发反抗——三元里人民的抗英斗争。

（2）清军爱国将士英勇作战，为国捐躯。

面对英国侵略者的侵略暴行，中国人民奋起反抗，展开了不屈不挠的斗争。广州三元里人民的斗争是近代中国人民反抗外国资本主义侵略斗争的开端；广大爱国将士浴血抗战，为国捐躯，表现出伟大的爱国主义精神和高尚情操，值得后人敬仰。

中英鸦片战争的最终结局是：握有正义、抵抗侵略者失败，野蛮侵略、残暴劫掠者获胜。

设计目的： 鸦片战争的经过尽量简单化，因为初中阶段已经有一定基础。

2. 鸦片战争的结果

1842年8月初，英国军舰闯到南京下关长江江面。8月29日，中国被迫签订了中国近代史上第一个不平等条约——中英《南京条约》。

在讲述《南京条约》内容时，可引用以下部分材料让学生归纳其内容及带来的危害。

学生归纳内容，教师进行概括：

从割地、赔款、开口通商、协定关税等方面来看，《南京条约》是近代历史上外国侵略者强加给中国人民的第一个不平等条约，中国的领土、关税、贸易主权遭到破坏。

接着讲述中英《五口通商章程》和《虎门条约》，在学生逐条归纳内容、分析其危害后，教师结合材料进行概括：①领事裁判权；②片面最惠国待遇；③租界。

通过《南京条约》及其附件的签订，英国获取了很多特权。看到英国获得如此多的好处，美国和法国也趁火打劫，先后与中国订立类似的条约，以攫取在华特权。

3. 鸦片战争的影响

鸦片战争后，英、美、法三国强迫中国套上了不平等条约的枷锁，给中国带来了灾难和屈辱，对中国社会产生了巨大的影响。

设问：

鸦片战争给中国社会带来什么变化？

鸦片战争是中国百年屈辱历史的开端，中国开始沦为半殖民地半封建社会。教师要阐述"半殖民地"和"半封建"的内涵，并从"中国社会性质的变化""社会主要矛盾的变化""中国革命任务的变化""中国思想领域的变化"等方面进行分析。

（1）中国社会性质的变化。中国不再是封建社会，中国的社会性质由原来的封建社会开始转化为半殖民地半封建社会。

（2）社会主要矛盾的变化。鸦片战争后，中国社会出现了两对矛盾：即外国资本主义和中华民族的矛盾、封建主义和人民大众的矛盾。前者是各种社会矛盾中最主要的矛盾。

（3）中国革命任务的变化。正是由于社会性质的改变，中国社会的主要矛盾也发生了变化，因此革命任务也会有所改变。中国人民肩负起了反对外国资本主义侵略和反对本国封建统治的双重革命任务。从此，中国进入了民主主义革命时期。

（4）中国思想领域的变化。鸦片战争后，中国在政治、经济领域发生变化的同时，思想领域也发生了变化，一些先进的知识分子开始抛弃夜郎自大的腐朽观念，注目世界，探索新知，中国萌发了一股向西方学习的新思潮。

最后，教师强调：鸦片战争以后，中国开始沦为半殖民地半封建社会。

（三）战火再燃（第二次鸦片战争）

1. 第二次鸦片战争的原因及经过

当《南京条约》等一系列不平等条约签订之后，面对如此庞大的市场，西方商人简直是欣喜若狂。

英国商人梦想，"只要中国人每人每年需要一个棉织睡帽，不必更多，

那英格兰现有的工厂就已经供不应求了"。

英国人本以为"倾全国工厂的生产，也不够供应中国一省的衣料"，而现实却是"和中国开放贸易十年后"，"其消费能力竟不及荷兰的一半"，"甚至落在巴西和土耳其之后"。

——《密切尔报告书》

（MitchellReport）1852年3月

1856年，英法借口修约，发动了第二次鸦片战争。

可以请同学回忆他所了解的"亚罗号事件"和"马神父事件"，点明这只是发动第二次鸦片战争的借口，其根本原因和鸦片战争一样，是为了进一步打开中国的市场。

英法联军攻占广州未能达到侵略目的，他们不得到更大的侵略权益是不会甘心的。1858年，为迫使清政府屈服，英法联军北上攻至大沽口外，随即进逼天津，并扬言进攻北京。咸丰皇帝慌忙派人与侵略者议和。

2.《天津条约》的签订

1858年，清政府被迫与俄美英法签订了《天津条约》。教师引导学生看《天津条约》的内容，引导学生思考：与第一批不平等条约相比新增加了哪些内容？使列强得到或扩大了哪些侵略权益？进一步引导学生认识：外国军舰和商船可以在长江各口岸自由航行的危害是什么？外国人可以到中国内地游历、经商、传教为什么对中国不利？

学生思考回答后，教师分析概括指出以下几点：与第一次鸦片战争相比，通商口岸多达10个，口岸从东南沿海扩展到整个沿海，尤其是南京、汉口的开放，使侵略势力深入到长江中游、中国腹地。这标志着资本主义列强侵略势力的深入，为列强扩大侵略提供了有利条件，加深了中国的民族危机和社会危机。

但由于英法不满足既得侵略权益，1859年夏天，英法洗劫圆明园。圆明园惨遭焚掠，这不仅是中国，而且是人类文化史上无法估计的损失。侵略者不仅毁灭了驰名世界的皇家园林，而且毁灭了不可计数的艺术珍品和历史文物。他们的暴行曾受到法国著名作家雨果的严厉抨击。

3.《北京条约》的签订

在讲述《北京条约》时，应根据条约的主要内容，分析其对中国的危害性，主要指出以下几点：

不仅承认《天津条约》有效，还增开天津为商埠，资本主义列强的侵略势力从原来的东南沿海一带延伸到北方沿海、长江流域以及中国腹地，这就使中国进一步丧失了主权，为列强控制京畿重地、扩大侵略提供了有利条件，加深了中国的民族危机和社会危机。

关于割九龙司一区给英国的规定，不但使我国领土主权进一步遭到破坏，而且扩大了英国在香港地区的侵略势力，为以后强租新界又做了准备。并简单介绍俄国趁火打劫，割占中国大片领土的史实。

4. 第二次鸦片战争的影响

关于讲述第二次鸦片战争的影响，可以通过比较两次鸦片战争对中国造成的不同程度的影响的相同点和不同点来加深学生的认识，最终得出结论：第二次鸦片战争是鸦片战争的继续。

最后指出，第二次的不平等条约所造成的破坏性影响远远超过了《南京条约》等条约，外国资本主义势力由东南沿海到整个沿海并深入内地，领土主权进一步遭到破坏；中国丧失了大片领土和主权；清朝统治者投靠外国侵略者，开始成为它们的附庸与工具，中外反动势力公开勾结，共同镇压中国人民的反抗，从而大大加深了中国社会的半殖民地半封建化程度。

问题探究：

1860年《北京条约》签订后，咸丰皇帝一不痛心割让九龙，二不吝惜巨额的赔款，却认为外国公使驻京"为中国之害"，这是为什么？

提示：咸丰帝认为外国公使驻京直接威胁到清政府的封建专制统治。

（四）对鸦片战争的反思

（1）讨论问题一。

对于鸦片战争的失败，有人认为是必然的，也有人认为中国有胜利的可能（如《百家讲坛》客座教授阎崇年），根据所学知识，从政治、经济、军事、外交、民心等方面分析一下中国有无胜利的可能性。

（2）讨论问题二。

鸦片战争后中国的出路在哪里？

设计目的：通过学生自己的讨论分析、得出结论，培养学生客观、理性分析问题的能力。

【本课小结】

两次鸦片战争的失败，给中国造成了巨大灾难，但也给中国人学习西方近代文明创造了客观条件，终于使沉醉于"天朝上国"梦幻中的封建士大夫开始惊醒，他们开始"开眼看世界""师夷长技"。清政府权力结构发生变化，洋务运动兴起，中国现代化进程由此蹒跚起步……

历史的色彩记忆

——《美术的辉煌》教学设计

永登县第六中学　陈百秀

【课标要求】

欣赏19世纪以来有代表性的美术作品，了解这些美术作品产生的时代背景及其艺术价值。

【教学目标】

（一）知识与能力

（1）掌握19世纪以来新古典主义、浪漫主义、现实主义、印象画派、现代主义美术的代表人物及作品。

（2）理解19世纪以来各类美术流派产生的社会背景和各流派的基本特点，体会美术发展历史与政治、经济、思想文化之间的关系。

（3）通过欣赏各流派名画，提高美术鉴赏能力。

（二）过程与方法

（1）问题探究：结合时代背景分析各类美术流派形成的原因。

（2）情景再现：多媒体展示各类美术流派代表人物和代表作品。

（3）历史比较：对比各类美术流派的特点。

（三）情感态度与价值观

各类美术流派既有对原有艺术的继承，又有个性。通过对这些艺术作品的了解，感受艺术家对艺术的执着追求，对生活的无限热爱，以及他们强烈的爱国主义精神，从而使学生树立积极的审美取向，培养正确的人生观和价值观。

【教学重点与难点】

（1）重点：19世纪以来的主要美术流派、代表人物及代表作品。

（2）难点：主要美术流派产生的社会背景、艺术特点和这些美术流派之间的关系。

【教学方法】

讲述法、归纳法、情境教学法、图文教学法、对比分析法。

【教学用具】

多媒体课件。

【课时安排】

1课时。

【教学过程】

导入新课：展示乔治·弗雷德里克·瓦兹（1817—1904）的画作《希望》。

师：今天欣赏《希望》这幅油画作品的同时，我首先想把这幅画与美国前总统奥巴马放在一起。据报道，奥巴马曾于2004年发表名为《无畏的希望》的演讲，感动无数美国人。实际上，"无畏的希望"一词，来自于他的前牧师赖特对一幅画的评论。奥巴马本人，曾被英国著名画家瓦兹的这幅油画感动得热泪盈眶，这幅画甚至改变了他的生活，让他立志竞选美国总统。

师：画面上，虽然这名女子身上有瘀伤和血迹，穿着破烂不堪，竖琴也只剩下一根弦，她就好像是一个受难者，但画家仍敢于把这幅画取名为《希望》。虽然世界被战争撕裂，被仇恨摧残，被猜疑蹂躏，被疾病惩罚，并充满饥饿和贪婪，虽然她的竖琴被毁坏得只剩下一根琴弦，人生正面临着危机，但是这个女人仍有无畏的希望，在她那仅存的一根琴弦上弹奏音乐，赞美人生。

师：这就是艺术的力量，艺术关心现实，能让我们燃起对生活的希望。下面我们就来一起了解19世纪以来世界辉煌灿烂的美术。

【讲授新课】

（略）

【自读提纲】

表2

美术流派	代表人	代表作品
新古典主义	大卫（法国） 安格尔（法国）	《马拉之死》《拿破仑加冕》《泉》
浪漫主义	德拉克洛瓦（法国）	《自由引导人民》
现实主义	米勒（法国） 列宾（俄国）	《播种者》《拾穗者》 《伏尔加河上的纤夫》
印象派	莫奈（法国） 凡高（荷兰）	《日出·印象》 《向日葵》
现代主义	毕加索（西班牙）	《格尔尼卡》

（一）新古典主义美术（18世纪末19世纪初）

1. 背景

引用法国艺术评论家丹纳的一段话："要了解一件艺术品、一个艺术家、一群艺术家，必须正确地设想他们所属时代的精神和风俗习惯……某种艺术和某种时代精神是同时出现、同时消亡的。"

艺术来源于生活，没有现实社会基础的艺术作品是没有生命力的。根据下列材料，总结新古典主义美术是在什么样的社会背景下产生的。

18世纪下半叶，随着启蒙主义思想的深入，资产阶级和封建贵族之间的矛盾日益尖锐，法国酝酿着一场巨大的革命风暴。在这个新的时代，娇柔纤细的洛可可艺术已同时代氛围格格不入，人们呼唤能与新时代相吻合的新艺术的出现。自文艺复兴运动以来，欧洲始终存在着对古代文化的偏爱。18世纪中叶，在启蒙思想和科学精神的推动下，欧洲的考古工作大大发展起来，意大利和其他地中海沿岸的古城一个个被发掘出来，尤其是18世纪中叶罗马庞贝古城的发掘，使古代艺术重新展现出它的魅力，让人们看到了带有理性严谨特点和倡导英雄主义精神的新的艺术样式。正是由于时代的需要、理论的推动和考古发掘等几个方面的促进，18世纪下半叶在法国掀起了学习和研究古代艺术的热潮，出现了一场新的复古运动，这场运动在艺术史中被称为新古典主义。

在学生回答的基础上，教师总结：18世纪末19世纪初，法国社会动荡不

安。伴随着启蒙运动和法国大革命的到来，资产阶级反对旧制度下的陈腐艺术风格，他们需要艺术成为宣传革命、鼓吹自由、平等和共和的有力武器，需要用艺术培植人们的斗争勇气，树立英雄主义的气概。他们追求古代希腊、罗马的英雄主义精神，新古典主义美术应运而生。

多媒体展示《马拉之死》，并提出问题：你知道这幅作品的绘画者是谁吗？画中的人物马拉又是谁？这幅作品给你怎样的感受？

在学生回答的基础上进行整合：作者大卫是法国大革命时期的杰出画家，新古典主义的开创者和奠基人，代表作品有《苏格拉底之死》《马拉之死》《拿破仑加冕》等。其中，《马拉之死》这幅作品中的马拉是法国大革命时期雅阁宾派的主要领导人之一，为了躲避迫害长时间躲在地窖里工作而染上湿疹，不得不每天泡在浴缸里几个小时并且处理工作和文件。作品反映了马拉被反对党刺杀后的场面，整个画面平静、庄重，省略了一切无关大局的细节，力求简单质朴，既无纷繁的色彩，也无复杂的透视和道具。尽管表现的是可怕的暗杀，但画家丝毫没有渲染血腥和恐怖，而是着意刻画马拉之死的崇高和宁静。由此可见画家在他的创作中始终遵循古典艺术的原则，力图保持更多的理性。

新古典主义美学方面呈现出的特征：第一，以自然为原型，按照确定的美的理念再现自然。这一点同传统古典主义一致，因为古典主义都尊重自然，强调客观描写。但它并不按照自然对象的原样描写对象，而是让对象服从于既有的优美典雅和古典主义的美学模式，将对象理想化、完美化。第二，崇尚理性和共性，将艺术纳入规范和有序之中。新古典主义同古典主义相似，夸大理性作用，抹杀情感和个性，在内容、技巧和构图上都遵循既有的规范和秩序。第三，以希腊、罗马英雄事迹及当代生活为题材，艺术创作带有更多个人风格的追求和时代印迹。

过渡：除此以外，新古典主义美术的代表人物还有法国画家安格尔，其代表作有《泉》等，堪称法国新古典主义的旗手。而与古典主义相对的浪漫主义艺术，则从表现客观对象转向了表现人的主观世界。

（二）浪漫主义美术19世纪初兴起

思考：浪漫主义美术为什么不再像新古典主义美术一样强调理性，而去重视人的感情世界？

在学生分析的基础上进行总结。

1. 背景

浪漫主义美术产生于法国大革命失败以后波旁王朝复辟时期，人们对启蒙运动宣扬的理性王国越来越感到失望，资本主义远没有人们想象的那么美好，一些知识分子感到苦闷，他们不再追求理性，而是注重艺术家的主观性和自我表现，抒发对理想世界的追求，以瑰丽的想象、夸张的手法塑造形象，表现激烈奔放的感情。

多媒体展示德拉克洛瓦的《自由领导人民》，引导学生思考：画面反映的是什么场面？观察画中的人物动作和神情，猜测一下他们的身份。

学生回答，教师进一步介绍：《自由领导人民》是德拉克洛瓦最具有浪漫主义色彩的作品之一。作品描绘的是1830年7月革命，法国的工人、市民和小资产阶级知识分子走上街头反对封建政权的场面。高举三色旗、象征自由神的妇女形象在这里突出体现了浪漫主义特征，她健康、有力、坚决、美丽而朴素，正领导着工人、知识分子的革命队伍奋勇前进。强烈的光影形成的戏剧性效果，与丰富而炽烈的色彩和充满着动力的构图形成了一种强烈、紧张、激昂的气氛，使得这幅画具有生动活泼、激动人心的力量。女性的左侧，一个少年挥动双枪急奔而来，他象征着少年英雄阿莱尔；右侧那个穿黑上衣、戴高筒帽的大学生，就是画家本人，他紧握步枪，眼中闪烁着自由的渴望。这幅画气势磅礴，画面结构紧凑，色调丰富炽热，用笔奔放，有着强烈的感染力。

2. 特点

注重表现人的感情，运用鲜明色彩和奔放笔法，强调画面整体的完整和统一，但不拘泥于对局部和细节的过分描绘和刻画；特别强调色彩的作用，画面丰富多彩，辉煌瑰丽。

对前两种美术流派进行比较分析：新古典主义美术和浪漫主义美术产生的背景有什么不同？艺术表现方式有何差异？

背景不同：18世纪末至19世纪初的法国大革命时期，资产阶级对古代希腊、罗马英雄主义精神的追求，产生了新古典主义美术；拿破仑统治结束后，人们对启蒙思想宣传的理性王国越来越感到失望，开始寻找新的寄托，这种社会情绪反映在美术创作的领域，就是浪漫主义美术的出现。

艺术表现方式的差异：新古典主义美术一般选择历史上的重大题材，强调理性，注重画面的严整和谐。浪漫主义画家重感情轻理性，重色彩轻素描，构图夸张，形式自由奔放。

教师过渡：19世纪中期以后，在浪漫主义逐渐转向消极的形势下，必然产生的新潮流，即现实主义美术。现实主义者嘲笑古典主义的装腔作势、浪漫主义的无病呻吟，认为只有自己才是现实世界的真正代言人。

（三）现实主义美术（19世纪中期）

引导学生阅读教材内容，分析现实主义美术产生的背景、特点。

1. 背景

随着工业革命的开展，欧洲资本主义国家的阶级矛盾日益突出，一些批判现实的社会思潮开始传播，主张艺术要直面人生，注重艺术的社会意义的现实主义美术应运而生。这些艺术家要求艺术真实地表现现实，并且对现实加以暴露和批判。

2. 特点

强调艺术的时代特点，直接描写当前的时代风貌和斗争。

多媒体展示法国画家米勒的作品《拾穗者》和俄国画家列宾的代表作《伏尔加河上的纤夫》，让学生通过作品谈谈个人感受。

《拾穗者》是米勒最重要的代表作，这是一幅十分真实、亲切美丽而又给人以丰富联想的农村劳动生活的图画。从中不难看出画家对劳动的甘苦，特别是"汗滴禾下土，粒粒皆辛苦"的意义是有着切身的深刻体验的。它像米勒的其他代表作（如《播种者》）一样，虽然所画的内容通俗易懂、简明单纯，但又绝不是平庸浅薄、一览无余，而是寓意深长、发人深思，这是米勒艺术的重要特色。

《伏尔加河上的纤夫》是列宾在19世纪80年代初创作的批判现实主义油画中的杰作。这是画家亲眼看见的情景，成为他挥之不去的记忆，列宾决定把这一苦役般的劳动景象画出来，狭长的画幅展现了这支纤夫的队伍，阳光酷烈，沙滩荒芜，穿着破烂衣衫的纤夫拉着货船，步履沉重地向前行进。全画以淡绿、淡紫、暗棕色描绘头上的天空，使气氛显得惨淡，加强了全画的悲剧性。

比较分析：与浪漫主义相比，现实主义绘画的特点是什么？

特点：重现实、重科学、重客观、重批判。

教师过渡：与19世纪的现实主义画家相比，印象主义者显然已经失去了积极的战斗精神，转而注重于发现现实生活中，尤其是城市生活中色光辉映的美。因此，它也被一些评论家称为"自然主义者"或者是"消极的现实主义者"。

（四）印象画派（19世纪中后期）

1. 背景

多媒体展示莫奈的《日出·印象》《睡莲》。

课堂设问：这两幅作品在表现对象和表现技法上与前三个流派有什么不同？印象派美术为什么会出现这种新变化？

阅读材料：

材料一：产生印象派的直接原因是官方沙龙对青年人的压抑和压制，这是表层的原因。实际上，社会原因才是内在原因。首先是市民阶层的兴起，艺术审美趣味的变化，市民家庭对有装饰性或有形式美感绘画的需求。而资产阶级在19世纪是一个新兴的阶层，从贫穷到富有，他们在文学艺术上没有准备。他们物质上富有了，但精神文化上的需求呢？他们对传统的东西不熟悉，对新颖的东西也不了解，但有要求艺术家为他们服务的内在需要。他们需要艺术品来装饰家庭。

——摘自李倍雷《西方美术史》

材料二：印象派艺术受日本浮世绘的影响，重视绘画的平面性、装饰性和写意性。科学技术进步对绘画的作用。物理学对光色的分析促进了绘画色彩的变革，给艺术家以启发；艺术家运用光学原理来进行创作。可以说，印象派最大的成功就在于光和色彩学上的发明和创造。

——摘自马晓琳《西方美术史》

印象派美术产生的原因：一是因为一些青年画家受到官方画派的压制，因此要求反对传统保守的"主题"思想；二是迎合了伴随资本主义经济发展而日益增多的市民阶层的需要；三是受到外来绘画技法和当时科技成果的影响。

2. 特点

课堂设问：印象画派早期代表作品最主要的就是莫奈的《日出·印

象》。从图片可以看出，莫奈重视用光和色描绘外部世界，画面色彩特别清新、明亮。19世纪末20世纪初，印象画派发展后期，出现了另一位大师凡高，仔细观察图片，他的画有哪些特点？

（1）多媒体展示《凡高自画像》《向日葵》。

凡高，荷兰印象派画家，因精神疾病的困扰，曾割掉左耳，后在法国瓦兹河开枪自杀，时年37岁。在凡高去世之后，他的作品跻身于全球最著名、广为人知与珍贵的艺术作品的行列。无疑，现实中的凡高是孤独的、穷困潦倒的，正如他自画像里所表达的那样。但他的内心充满激情，正如他所说："生活对我来说是一次艰难的航行……但我将奋斗，我将生活得有价值，我将努力战胜，并赢得生活。"他用明快的色彩、粗犷的线条来表达自己内心的激动和喧嚣，被称为"扑向太阳的画家"。作品《向日葵》就给人一种热烈、奔放、温暖的感觉。

（2）多媒体展示塞尚的《静物苹果》组图。

法国的塞尚特别注重物体的结构，他认为"世界上的一切物体都可以概括为球体、圆柱体和圆锥体"。他对几何形体的探索和变形启迪了后来的立体派，被推崇为"现代艺术之父"。

通过欣赏三位画家的代表作，总结后期印象派美术的特点：强调主观，抒发个性；注重光和色的变化；形式夸张，线条粗犷；色彩明快，富于装饰韵味。

教师过渡：从表现内容上看，印象派美术开始更多地关注人的主观感受而不仅仅是客观现实；从表现技法上看，由具体写实向抽象夸张转变，这意味着西方美术开始由传统美术向现代美术转变。20世纪以后，现代主义美术逐步形成。

（五）现代主义美术（20世纪以后）

指导学生阅读教材，分析现代主义美术出现的原因。

1. 原因

（1）两次世界大战，给人们的心灵造成了巨大创伤。

（2）快节奏生活加剧了人们的紧张感，使人们不再满足于传统的艺术表现形式。

（3）科学技术的发展拓展了艺术家认识世界的视野，他们开始用新的表现形式和艺术精神进行创作。

2. 代表人物及作品

多媒体展示毕加索的作品《亚威农少女》，并提出问题：欣赏这幅画，你有什么感觉？画中的人物和我们平时看见的人有什么不同？

这幅画大胆地抛弃了西方传统绘画的造型法则，向文艺复兴以来确立的审美法则挑战，画中没有任何情节，没有具体的环境描写，在一个画面上（主要在右边两个妇女的造型上）表现正面、侧面和斜切面，追求一种结构的美，在表现技法上强调抽象、变形和夸张。《亚威农少女》被认为是西方现代艺术史上的一次革命性突破，是传统美术与现代美术的分水岭。这幅画被认为是立体主义的开端。

（1）多媒体展示毕加索的另外一幅代表作品《格尔尼卡》。

《格尔尼卡》壁画反映的是1937年西班牙的格尔尼卡小镇被德国法西斯空军夷为平地，毕加索极为愤慨，对法西斯暴行表示强烈抗议。这幅画画面里没有飞机，没有炸弹，却聚集了残暴、恐怖、痛苦、绝望、死亡和呐喊。画家以象征和半抽象的立体主义手法，以超时空的形象组合，打破了空间界限，蕴含了愤懑的抗议，成就了史诗的悲壮；在支离破碎的黑白灰色块中，散发着无尽的阴郁、恐惧，折射出画家对人类苦难的强大悲悯。

（2）多媒体展示作品《那不勒斯来的男人》，并思考：这幅画画的是什么？反映了作者怎样的思想情感？

这幅画看上去很乱，究竟画的是什么可能永远是个谜，也不知道这幅画的作者是谁。不仅内容和作者是个谜，画的名称也像谜一样，倒像是信手涂鸦的作品，画面中也看不出人。这幅像谜一样的画，带给我们无尽的困惑，作者要画的也许不是男人，而是内心的迷惘和困惑，也可能是时代带给人的精神上的迷惘和困惑。

3. 特征

反对传统和理性，重视艺术家内心的"自我感受"和"自我表现"，流露出艺术家愤怒、消极、悲观、失望的各种复杂心理。

此外，现代主义还有其他各种流派，如野兽派、未来派、达达派、表现派、超现实主义、抽象主义等诸多派别。通过展示蒙克的《呐喊》、达利的《记忆的永恒》以及夏凡纳的《希望》等作品加以认识。

这节课主要了解了西方争奇斗艳、异彩纷呈的绘画艺术，美术不仅包括绘画，还包括雕塑、建筑等类型，如罗丹的雕塑《思想者》等，这些作品都是关于美的艺术。每个时代都有其独特的美术，正是由于社会的发展推动了西方美术的发展，从而创造出西方美术的辉煌。

【课堂小结】

（1）新古典主义美术：背景、代表人物和代表作品、特点。

（2）浪漫主义美术：背景、代表人物及作品、特点。

（3）现实主义美术：背景、代表人物及作品、特点、美术的辉煌。

（4）印象画派：代表人物及作品、特点、早期、后期。

（5）现代主义美术：背景、特点、代表人物及作品、二战后的进一步发展。

【教学设计反思】

本课课题为《美术的辉煌》，主要介绍了19世纪的美术发展历程。教学内容的难点是如何使学生理解"某种艺术和某种时代精神是同时出现、同时消亡的"。离开这个主题，如果仅仅介绍各个时期的美术作品及代表画家，就脱离了历史教学的主旨，变成一堂"美术课"了。在这里，我采取了多种教学方式。从教学设计中可以看出，我将本课内容分为四个部分：第一部分，主要以教师讲解为主，通过问题的引导（画作《希望》）使学生认识到美术独特而又震撼人心的力量，为后面的教学奠定基础。第二部分，通过表格设计让学生自行填充这一课的基础知识，如19世纪以来美术主要流派、代表人物及代表作品等，让学生对这一课的内容有初步的了解。第三部分，也是本节课的重点部分。通过展示图片、阅读材料、比较分析等多种手段使学生更深刻地理解各个美术流派的特点以及呈现不同特点的原因，体会美术是反映社会生活和表达艺术家思想感情的一种艺术形式，一定时期的社会文化是一定时期政治经济的产物，反映了这个时代的特色，以此突破本课重点。第四部分，也是最后小结部分。关于这一部分内容，我会注重知识点的总结，同时强调课堂效果的检查。一方面，通过网络搜寻一些同学们没有见过的美术作品，然后让学生结合所学知识辨识这些作品属于哪个流派，培养他们的实际应试能力，另一方面，通过一些练习题巩固学生的课堂知识。

在整个教学设计中，我力求达到两个目的：一方面注重学生分析、归纳、比较能力的培养；另一方面注重课堂实效，这也是新课改理念下对课堂教学的要求。但同时也存在许多问题，例如如何在教学中使全体学生最大范围地参与到教学中。我提出一个问题，往往只有一个两个学生最终给出看法，设置的活动也是重点选择了一些能力较好的学生来展示活动成果，那么其他学生在这个过程中能否得到锻炼？我想这个问题也并非是一朝一夕能够解决的，只有在不断地教学摸索中才能使课堂得以不断地完善。

【课堂练习】

（略）

【资料链接】

1. 罗丹和他的《思想者》

罗丹一生中最重要的艺术经历是1880年开始的为巴黎装饰艺术博物馆创作《地狱之门》，他为此数易其稿，直到1917年去世时还未完成。《地狱之门》取材于但丁《神曲》的《地狱篇》，作品的有关情节是根据但丁"你们进到这里，丧失一切希望"等诗句而建构的。罗丹试图通过200个左右的人物形象，以艺术的方式再现人生和人世间的种种苦难。《思想者》就是其中之一，大约完成于1884年。罗丹认为"这个像是代表'最苦闷'的罪人与最不幸的判决者"。在《思想者》中，我们看到的也正是这样的情形：稳定的坐姿并不取代思想的彷徨，刚毅的神情并不掩盖内心的焦虑，健硕的身躯并不意味着灵魂的坚强，特别是那双忧郁的眼睛，以崭新的现实主义方式流露出罗丹对心理描写的执着探索。罗丹塑造的《思想者》形象，是一个跟他当时年纪大致相仿的中年男子。而男子的神情，那种在饱经风霜之后对世事的淡泊，在风雨坎坷中对人生的思考，在貌似宁静的安坐中对未来的心情激荡，以及联系到但丁诗句和《地狱之门》的创作语境之后，我们不得不承认其中还包含着对罪恶的冷视、漠然与沉思。在今人看来，《思想者》仍然是一个思想者的形象。正如罗丹自己说的那样："他不仅用大脑、张大的鼻翼和紧闭的嘴唇思考，他还用胳膊、腿、背上的肌肉思考，用握紧的拳头和紧张的脚趾思考。"

2. 毕加索的小故事：谁的杰作

毕加索毕生反对侵略战争。第二次世界大战期间，德军经常出入巴黎的毕加索艺术馆，毕加索一语不发地接待这些不速之客。有一天，毕加索发给

每个德国军人一幅他的《格尔尼卡》的复制品，而且总说"纪念"，这幅画正是描绘了西班牙城市格尔尼卡遭德军轰炸后的惨状。一个德军军官指着画问毕加索："这是您的杰作吗？""不，"毕加索说，"这是你们的杰作。"

注：2015年11月，《美术的繁荣》教学设计获延边教育出版社《鼎尖教案》高中组二等奖。

科技强国之路

——《中华人民共和国成立以来的重大科技成就》教学设计

永登县第一中学　施泽玉

【课标要求】

列举中华人民共和国成立以来科技发展的主要成就，认识科技进步在现代化建设中的重大作用。

【内容概述】

本课主要介绍中华人民共和国成立以来我国的科学技术成就及作用。本课在内容上承接了第三单元第8课《古代中国的发明和发现》，又连接着现实生活中的重大科技成果及运用。

【学情分析】

学生通过必修Ⅰ、必修Ⅱ的学习，对中华人民共和国政治、经济的发展情况及当时的世界格局已经有所了解，已经初步具备了中华人民共和国科学技术发展的背景知识。

学生通过第一单元、第四单元的学习对古代中国科技发展成就及地位、近代中国科技落后的原因已经有所了解，这将有助于理解中华人民共和国科技发展的原因。

【设计思路】

教学依照本节内容的特点，借助多媒体，通过表格分析、影视、图片等再现历史情景，增强学生的感性认识，激发学生的学习兴趣和热情。

【教学目标】

（一）知识与能力

（1）识记中华人民共和国成立以来中国在核技术、导弹、空间技术、生物技术以及计算机领域取得的重大成就。

（2）理解党和政府的战略决策与科学技术发展之间的联系，以及科学技术是生产力的论断。

（二）过程与方法

（1）列表归纳中华人民共和国在科技领域内取得的重大成就。

（2）探究科技的发展在现代化建设中的重要作用。

（三）情感态度价值观

（1）树立尊重科学、尊重知识的思想，树立民族自豪感和民族自信心。

（2）学习科学家刻苦钻研、奋发图强的精神和热爱祖国、无私奉献的崇高品德，树立为报效祖国而奋发学习的志向。

【本课重点】

中华人民共和国成立后科学技术的主要成就。

【本课难点】

科技的发展在现代化中的重要作用；培养学生尊重科学、关注科学发展的意识，增强学生的民族自豪感和自信心。

【教学方法】

小组合作探究法。

【教学时数】

1课时。

【教学用具】

多媒体平台。

【教学过程】

情景导入：2015年10月5日，瑞典卡罗琳医学院在斯德哥尔摩宣布，2015年诺贝尔生理学或医学奖授予中国科学家屠呦呦、爱尔兰裔科学家威廉·坎贝尔和日本科学家大村智，以表彰他们在药物治疗疟疾、盘尾丝虫病和淋巴丝虫病方面所做出的杰出贡献。这是中国科学家首次因在中国本土进行的科学研究而获得诺贝尔科学奖，是中国医学界迄今为止获得的最高奖项，也是中医药成果获得的最高奖项。

2017年1月9日，2016年度国家科学技术奖励大会在北京人民大会堂隆重举行。中共中央总书记、国家主席、中央军委主席习近平向获得2016年度国家最高科学技术奖的中国中医科学院研究员屠呦呦颁奖。今天，我们一起来探究中华人民共和国成立以来取得的重大的科技成就。

（一）新课学习

出示问题：

（1）中华人民共和国成立以来我国取得的重大科技成就有哪些？

（2）中华人民共和国成立以来我国取得重大科技成就的原因有哪些？

（3）中华人民共和国成立以来的重大科技成就对我国社会主义现代化建设起到什么作用？

设计思路：通过设置有效问题，进行解答，再以获得的答案所形成的知识点为中心继续设问，直到找到源头，就可以进行逻辑框架的建构，梳理知识体系，理解知识点之间的逻辑关系。

第一环节：安排学习任务，学生小组合作完成任务。

科技成就。

表3

领域	时间	成就	地位、意义
原子能 导弹			
航天技术			
生物技术			
计算机技术			

第二环节：学生展示交流，教师补充完善。

表4

领域	时间	成就	地位、意义
原子能导弹	1964.10	第一颗原子弹试爆成功	加强了中国的国防能力，中国由此跨入核国家行列，打破了苏联、美国的核垄断，提高了中国的国际地位，维护了世界的和平
	1964	中近程导弹试验成功	
	1991–1994	秦山、大亚湾核电站	
航天技术	1970	第一颗人造地球卫星"东方红一号"发射成功	世界第五，进入航天时代
	1999起	神舟号无人飞船4次成功	
	2003年	神舟五号载人飞船成功飞行（杨利伟）	中国成为世界上第三个掌握载人航天技术的国家，成为世界航天大国
生物技术	1965年	人工合成结晶牛胰岛素在中国首次实现	完成世界上第一个蛋白质的全合成，开辟了人工合成蛋白质时代
	1973年	袁隆平选育出杂交水稻新品种	不仅大大提高了中国水稻的产量，也被认为有助于解决世界性饥饿问题。
	20世纪末	在依靠基因工程技术改良动植物品种、治疗人类重大疾病的药物研究等方面达到国际先进水平	为提高国民生活水平和健康做出了贡献
计算机技术	1983年巨型计算机"银河–Ⅰ号"		居世界前列，加速了国家信息化发展

第三环节：合作探究

1. 阅读分析

材料一：中华人民共和国成立后，提出"向科学进军"的口号。1949年11月，成立了以郭沫若为院长的中国科学院，作为中华人民共和国的主要政府研究机构，并在随后的几年里陆续成立了中国科协、中国气象局等科学技术协调与研究机构。逐步建成了由中央各部门、高等院校和地方组成的科学研究体系，中国的科学技术发展进入了崭新的历史阶段。1956年，中国制定《1956—1967年科学技术发展远景规划纲要（草案）》，把发展以原子弹、导弹为代表的尖端科技放在突出位置。1978年，中共中央召开全国科学大会，制定全国科学技术发展规划纲要，做出关于科学技术体制改革的决定，邓小平提出"科学技术是第一生产力"的精辟论断。2002年，中共"十六大"报告中指出，深化科技和教育体制改革，加强科技教育同经济的结合，完善科技服务体系，加速科技成果向现实生产力转化。

材料二：20世纪中期以后，以航天技术、原子能技术、电子计算机的应用为代表的世界性第三次科技革命到来，科学技术飞速发展，超过了以往任何历史时期。为适应第三次科技革命的浪潮，我国广大科技工作者在极端困难的条件下，自力更生，取得"两弹一星"的重大成就。尤其是改革开放以来，我国科学技术事业有了进一步发展，中国在航天技术和运载火箭技术方面都已达到了世界先进水平。

问题：结合材料，分析中华人民共和国成立以来我国取得重大科技成就的原因有哪些？

生：中华人民共和国成立，社会主义制度建立。

生：中国科学院成立。

生：国家支持重视，制定科技发展战略。

生：第三次科技革命的推动。

生：改革开放的推动。

师：还有广大科技工作者的努力。

2. 讨论归纳

中华人民共和国成立以来的重大科技成就对我国社会主义现代化建设起到什么作用？

生：增强了国防力量，提高了国际地位。

生：促进了生产力的发展。

生：加强了中外交流。

生：培养了大量科技人才，促进了科技的进一步发展。

师：极大地提高了人民的生活水平。

3. 小结反思

多媒体展示表格，带领学生回忆中华人民共和国在四大领域内所取得成就，要求学生把握住这些重点内容。

教师追问：中华人民共和国成立以来我国在四大领域内取得了一系列成就，回顾所学知识，你得到哪些启示？

生：科学技术是生产力。

师：科学技术是第一生产力。

生：科技发展、国家制度和经济基础是密切相关的。

生：科教兴国，科技交流。

生：科技是一把双刃剑，利用核技术造福人类。

师：科学没有止境，需要探究精神和创新精神。希望同学们能以老一辈科学家为榜样，努力学习，积极探究，勇于创新，为中国将来的科技发展贡献自己的一份力量。

4. 课堂检测

（1）邓小平在哪次大会上重申"科学技术是第一生产力"的著名论断（　　）。

  A. 十一届三中全会上   B. 一届人大会上

  C. 全国科技大会上   D. 全国政协大会上

（2）标志着中国国防力量加强，打破美国、苏联核垄断的事件是（　　）。

  A. 提出"科教兴国"战略 B. 实施"星火计划"

  C. 第一颗原子弹爆炸成功 D. 秦山核电站建立

（3）标志着中国进入航天时代的事件是（　　）。

  A. 第一颗原子弹爆炸成功

  B. "东方红"1号发射成功

  C. "神舟"号飞船进太空

  D. "远望"1号航天测量船建成使用

（4）"两弹一星"是指（　　）。

  A. 原子弹、导弹和人造地球卫星

  B. 原子弹、氢弹和人造地球卫星

  C. 氢弹、导弹和人造地球卫星

  D. 核弹、导弹和人造地球卫星

（5）袁隆平的科技成就产生的影响，最主要的是（　　）。

  A. 第一个选育出杂交水稻优质品种

  B. 获"国家最高科学技术奖"

  C. 杂交稻解决国人吃饭和世界粮食问题

  D. 享有很高的国际声誉

5. 课后作业

2015年10月5日，中国科学家屠呦呦获得2015年诺贝尔生理学或医学奖；2017年1月9日，获2016年度国家最高科学技术奖，请你为屠呦呦写一段颁奖词。

【教学反思】

问题是思维的起点，学生的理解力需要以问题为抓手，教师设计三个问题，学生在问题的导引下理解历史过程，思考历史问题。解决第一个问题的指导思想是通过表格厘清知识点。用表格的形式使同类知识前后连贯起来，形成一个系统，使众多的史实、纷繁的内容脉络分明、条理清晰，收到化繁为简的效果。表格中穿插文字、图片、视频材料，利用多媒体教学方法，引导学生积极探究问题，培养了学生提炼、浓缩、概括、集成等加工处理知识的能力。第二个问题通过选择经典材料，指导学生阅读、讨论、分析，较好地实现了学生学习方式的转变，有利于学生创新意识和创新能力的培养，有利于真正贯彻新课改"以学生为本"的理念。第三个问题以讨论的形式展开，教师及时捕捉教学生成，及时追问、补充问题，引起学生的思考，发挥学生的积极性，真正理解重点和难点，从而内化为自己的知识，进而培养学生尊重科学、关注科学发展的意识，增强学生的民族自豪感和自信心。

（本文发表于《中国多媒体与网络教学学报》2017年第2期）

教学篇——匠心独运构建智慧课堂

教 研 篇

——深思凝练提升专业素养

　　几年来，兰州市施泽玉首席专家工作室（兰州市高中历史施泽玉名师工作室2019年4月升级为兰州市首席专家工作室）的核心工作之一就是教学研究。撰写论文是一个教师走向成熟的必然过程。工作室鼓励成员动笔撰写文章，努力在省部级杂志上发表，总结教学实践中成功的经验以及失败的教训，探索教育教学规律，交流工作经验。

　　教师的专业成长也需要教师在教育实践的道路上且行且思。有人说："作为教师，教了多少人不值得自豪，影响了多少人才值得骄傲。"我想，当一个好教师就要做有品位的人，做有品质的教育，用心去做教育。要做好这一点，教师必须不断自我反思，积累教学中的点滴经验。

　　一位教授说："不要拒绝任何知识，学习是为了丰厚教师的积累，一个教师积累的厚度和深度，决定了他职业生涯中的长度和宽度。"把浮躁的心静下来，静下来去读书学习，静下来去思考一些专业性问题，静下来感悟一些东西，只有把学到的知识和自己的教学特点结合起来，才能形成属于自己风格的教学支撑。

　　要勤动手，把前行路上感动着我们、影响着我们的那些事、那些人用文字记录下来。在学习过程中思考，在思考过程中感悟，以论文和随笔的方式把思想的火花记录下来，在实践中实现自己的专业成长。

　　这应该是教师自信的基石。

让历史课堂因角色扮演而生动

永登县第一中学　马建虎

历史课堂教学是一个既严肃又复杂的师生共同活动过程，教师如何把自己理解的问题，通过语言表达让学生接受，引导学生把书本知识转化为自己的精神财富，把知识转化为能力，由不知到有知，由知之到用之，这是我们教师为之奋斗的目标。为此，教师在教学实践中要选择不同的教学方法。在众多的方法中，角色扮演是最受学生欢迎的学习方式之一。历史课堂"角色扮演"也是和新课改的要求相适应的。新课改要求学生在掌握基本历史知识的过程中，"进一步提高阅读和通过多种途径获取历史信息的能力"。学生要扮演好角色，必须先查阅和收集资料，通过分析、综合、比较、归纳、概括等认知活动，才能形成对此角色较为完整的理解和认识，从而培养学生历史思维和分析、解决问题的能力，具有初步的科学与人文素养、环境意识、创新精神与实践能力。

角色扮演法就是在课堂教学中，让学生充当一定的角色，即学生可以扮演或把自己想象成教师、演员、导游、记者、演讲者、设计者、历史人物等角色，运用小品、短剧或现实模拟等形式，寓教育于表演过程中，把科学性、知识性、趣味性巧妙地结合起来，使教学过程生活化、艺术化。角色扮演过程本身体现了学生主动参与、学会学习的过程。捷克教育家夸美纽斯在《大教学论》中写道："一切知识都是从感官开始的。"学生学会收集和利用信息，学会从不同的角度发现问题，积极探索解决问题的方法，学会同他人尤其是与意见不同的同学合作学习与交流等。角色扮演在高中历史课中仍然可以发挥重要的作用。角色扮演是在教师的指导下，学生用表演的方式，即用我们所熟悉的小品或话剧的形式，将历史中有代表性的真实情节表演出来，使表演者和观看者从中受到教育。教育的本质功能是育人，教学实践更不能脱离情感层面，应该从学生的情感层面出发，以可持续发展的眼光为学生的人生服务。学生在扮演角色中，完成了对角色的科学判断和评价，从反面材料中吸取经验教训，从正面事迹中感受真善美，确立积极进取的人生态度，塑造健全的人格。我在多年的历史教学实践中多次尝试角色扮演的方法后，总结了历史课堂上关于角色扮演教学的一些积极的作用以及需要注意的问题。

一、历史课堂上角色扮演对学生的作用

首先，角色扮演可以锻炼学生的胆量，激励学生敢于在大众面前开口说话，克服心理障碍，增强自信心，提高交际能力。有很多学生都说在表演之前非常害怕、紧张，有60%的学生说多演几次就有信心演得更好。到了表演时，也就忘记了自己。一旦进入角色，话也竟然说得比自己想象得更流利。学生只有对自己、对历史学习以及历史知识文化有积极的情感，才能保持历史学习的热情并取得成绩。角色扮演适用于语言能力不同、个性不同的学生，使他们各尽其才。语言能力强的，多演难度大的角色；性格内向的，多做解说而少做表演性动作等。学生之间互相学习、互相帮助，体验集体荣誉感和成就感，发展合作精神。只有尊重学生的差异，并满足不同学生的不同学习需求，才能真正实现面向全体学生、为学生的终身发展奠定共同基础的目标。

其次，历史课堂上角色扮演的教学方式易于激发学生学习的热情，轻松有趣地掌握知识。

我的学生特别喜欢角色扮演。角色扮演利用移情作用，产生身临其境的主观感受，不仅可以实现师生之间的情感互动，而且在课堂教学中发生实效，角色扮演的热烈情绪渲染了整个学习情境，不仅是角色扮演者，而且使全体学生都在无意识的前提下不知不觉地进入了角色，最深切、最生动地经历了角色的心理活动过程，从而更好地理解课文，提高对课本知识的理解。如在对《古代希腊民主政治》一课的学习中，两个表演者扮演夫妻，公民大会每十天就开一次，严重影响干活赚钱，但丈夫伊阿宋还是很愿意去。丈夫去参加公民大会，妻子也要参加，丈夫劝阻她不能去。两人到了公民大会会

场门口，执勤的监察员却阻止伊阿宋的妻子进入会场。接下来是公民大会会场内的情景。公民大会结束后，伊阿宋通过抽签很幸运地成为五百人会议中的一员。两位同学生动有趣的表演一下子激起了同学们的热情，表演未完，同学们就开始窃窃私语："伊阿宋"脑子没问题吧？凭什么女人不能参加？等到我展示的时候……

问题探究：

问题一：在严重影响干活的情况下，丈夫伊阿宋仍去参加公民大会是为什么？

问题二：两人到了公民大会会场门口，执勤的监察员却阻止伊阿宋的妻子进入会场，这是为什么？

问题三：不识字的伊阿宋为什么能担任公职？

阅读课文相关内容，讨论回答时，学生一个个积极参与。由此，我真切地感受到：恰当的角色扮演所创设的良好课堂情境，能使大家有身临其境的感觉，促使学生产生积极主动的学习愿望，积极主动地思考问题，从而加深对知识的理解和应用。

第三，角色扮演可以促使学生加深对课本知识的理解和拓宽知识面。历史角色扮演，就是以历史人物的特定身份出现，模拟历史人物当时的表现，再现当时历史场景，从而体验历史人物当时的情感，让凝固的历史动起来，让历史人物活起来，以加深对历史问题的理解。学生要通过不同的角色扮演体现自身的角色内涵，必须认真阅读课本，加深对课本知识的关注和理解。必要的话，还要去阅览室、图书馆或者从网络上查阅相关的内容，这就在无形中扩大了学生的知识面。在《巴黎和会》一课的教学中，我把全班学生分成五组，分别代表美国、英国、法国、日本、中国，选出学生扮演各国代表陈述在巴黎和会中的要求。课前我对各组做指导，以美国组为例，共八人，分四小组。

第一组，负责调查美国当时的经济状况。

第二组，负责搜集美国的历史发展史。

第三组，负责搜集美国的外交政策。

第四组，搜集威尔逊总统的个人资料。

示例：百灵鸟——威尔逊（1856—1924），是一个固执己见的资产阶级理想主义者，民主党人，曾连任两届美国总统。小时候的威尔逊被认为是一个迟钝的学生，9岁时还不识字，难以掌握基本算法。但17岁以后通过努力学习，成绩进步很快，1886年获得哲学博士学位，成为美国历史上第一位获得博士学位的总统。他本人也因博学多才、善于辞令，而享有"百灵鸟"之称。1918年1月，一战即将结束前，他就提出"十四点"和平原则，俨然以世界领袖自居。他打破美国总统不离开本土的一贯做法，亲自跑到巴黎参加和会。在巴黎和会上，他极力使美国登上第一大国的宝座，称霸世界。但美国在国际舞台上的根基毕竟不深，其海军不如英国，陆军不如法国，美妙的幻想一旦碰到"老虎"讲求实际的强硬主张和"狐狸"斤斤计较的商人政策，"百灵鸟"顿时章法大乱，变成了"一个十足的傻瓜"和"又聋又哑的堂·吉诃德"。

组长汇集资料进行整理，大家讨论写出发言稿。上课过程中，各组扮演不同国家代表表达自己的主张。

通过历史角色的扮演，使学生感觉到历史课容易学了，也深深感受到真正的知识还远远在课本之外，历史眼界大为开阔。搜集威尔逊总统个人资料的一位学生很有感慨地说："我以前就知道'威尔逊'这个名字，但不知道他还有这么多的故事。"

这充分说明了让学生自己亲身实践的重要作用。让学生在表演中、在感受中建构对历史事件的理解，自己得出对历史事实的判断，这也是新课程标准的要求。学生在角色扮演中对自己熟悉的、理解深刻的内容表演出色一些，相反则显得尴尬一些，如观点不严密、用语不准确等。这恰恰是学生在平时学习中的优点和漏洞在舞台上被扩大了、透明了，学生对自己扮演过的角色在长时期内有深刻的记忆，有利于以后在学习中总结经验教训。

二、教师对历史课堂角色扮演的定位

（1）改变传统上教师唱"独角戏"形象。教师往往被赋予一种"完善的权威形象"，角色高高在上，而学生则处于被动接受的状态。师生之间有一条鸿沟，互动出现了障碍。历史课堂角色扮演使学生登上了舞台，演技完全展示了出来，这恰恰为教师观察学生行为提供了极好机会，往往对今后制定教学策略有很大帮助。

（2）教师是课堂角色扮演的"总导演"。角色扮演活动的前前后后，教师始终要掌控大局。从表面上看教师好像很轻松，整个活动都是学生在操作，与传统的教学方式相比教师起的作用不大。其实这是一种误解，在角色扮演活动中，教师的指导作用不是削弱了，而是加强了，只不过其表现的形式与传统教学方式相比较为隐性而已。教师的指导作用主要体现在选好适当的题材。并非所有的历史课都能用角色扮演来完成，比如历史必修三中的"宋明理学"部分，教师自己学起来都有困难，让学生表达的话，只能绕来绕去、云里雾里。

（3）课前要精心准备，注重时间安排。角色扮演学习活动的一个主要目的就是让学生充分发挥其主体积极性，学生通过相互交谈来学习历史。教师的重要作用就在于如何促使学生自己把握课堂学习与讨论的尺度，不要大包大揽，给学生留一定空间，鼓励学生的想象力和创造性，做好"导演"的幕后工作。

（4）对学生要有结果评价和过程评价。教师应该将学生角色扮演过程和事先为构建角色所做的工作结合起来，做全面客观的评价，更多的是鼓励学生主动探索、主动求知的精神和合作意识等。评价包括教师评价、表演者自己评价和观众对扮演者表演情况的评价。这一环节是角色扮演活动的关键环节，该环节使知识和能力得到升华。对学生的知识以及表演者的表演艺术做适当的评价，给予一定认同，有利于学生的长远发展。同时对不足之处也应明确指出，帮助学生改正。如果教师经常只是简单的表扬，带大家鼓鼓掌，则是失败的或是不负责任的。如果教师鼓励学生有积极回答问题的勇气外，再引导学生理性思考问题，对重大历史事件及人物逐步形成比较成熟的认识，是不是更好？

注：《让历史课堂因角色扮演而生动》在2013年甘肃省普通高中新课程实验突出问题及对策的网络征文评选中荣获一等奖

浅议历史解释能力培养的策略

以《三民主义的形成和发展》一课教学为例

永登县第一中学　马建虎

在高中历史五大学科核心素养中，历史解释能力的重要性不言而喻：从考试的角度来看，随着高考试题灵活度的加大，对学生历史自主学习能力的要求也在不断提高。历史解释能力已成为高中生学习历史必备的基本技能和素养之一，学生的其他素养要通过历史解释来体现；从教学的角度看，培养高中生的历史解释能力是中学历史教学目标的具体落实，是学生历史学科能力的展示，也是学生历史思维能力的重要内容。在《三民主义的形成和发展》一课教学实践中，我尝试就如何培养学生的历史解释素养略说一二，以期找到适合培养高中生历史解释能力的策略。

一、解释历史的来龙去脉与因果关系，形成内在逻辑认知能力

三民主义、毛泽东思想、邓小平理论是20世纪中国的三大理论成果。如何让学生理解一个时期重要的理论，需要教师在教学设计时形成一定的逻辑。

"探明历史因果""分解历史事物""进行客观评价"[1]是许多专家学者较为认可的历史解释的三大因素。在解释孙中山的三民主义理论时，正好可以从这三个要素来设计：三民主义之"源头"、三民主义之"内涵"、三民主义之"评价"。三民主义之"源头"重点解决"为什么"的问题，三民主义之"内涵"重点阐述"是什么"的问题，三民主义之"评价"重点解决

三民主义的地位与意义。通过探究因果关系，让学生在追根溯源中形成较为完整的历史解释。

二、重视史料，找准历史解释的根基，培养学生解决问题的能力

没有史料就谈不上历史学。当然，史料也不等于历史学。历史解释本身就是认知过程，史料只有通过历史解释才能构成历史。因此，史料是历史解释的基础，离开了史料就无从客观公正地进行历史解释。在教学中，我们经常会遇到必须以史料来解决问题的实例：

例1

指导学生观察《时局图》（图略）及《19世纪末列强瓜分中国形势图》（图略），结合阅读课文第一段，归纳认识：面对民族危亡，以孙中山为代表的资产阶级革命派登上历史舞台，努力寻求新的救国主张是其民主革命思想产生的时代背景。

例2

什么是民族主义？如果要陈述出来，就可以直接表述为：用革命的手段推翻清王朝的封建统治。但是为了让学生能更深刻地认识民族主义，培养学生自主发现问题的能力，我们可以引用三段材料：

今之满洲，本塞外东胡，……满洲政府穷凶极恶，今已贯盈，义师所指，覆彼政府，还我主权。驱除鞑虏之后，光复我民族的国家。

——1905年8月《同盟会宣言》

民族主义，并非是遇着不同族的人便要排斥他，是不许那不同族的人来夺我民族的政权。……我们并不是恨满洲人，是恨害汉人的满洲人。

——1906年2月《民报》创刊周年庆祝大会的演说

以前清廷与各国签订的条约，民国均认为有效；清廷的外债及承担的赔款，民国亦将偿还，不变更债务条件。

——1912年《宣告各友邦书》

通过阅读、分析这些史料，学生就会有多方面的发现与收获，更深刻地理解孙中山的反清思想。同时也使学生学会自我阅读、分析、总结，在回答

问题的过程中培养了学生组织语言和表达的能力。

丰富的史料可以打开学生的视野，拓宽学生知识接触面。因此，历史解释素养的培养必须重视史料教学，在史料的分析解读中逐步培养学生"史由证来，论从史出"的历史思维能力。

三、聚焦难点，问题引领，提高学生思考问题的能力

历史解释的对象是历史问题。设问是激发学生历史思考最有效的方法之一，在于教会学生如何思考，如何对简单的历史现象进行深入分析，追根溯源。教师不会设问，就不能激发学生的有效思考，学生自然很难形成高质量的历史解释。而且学生的疑难之处恰是教学的关键之处，所以历史解释应聚焦于解决难点问题的方法。以下仍以实例来分析。

探究：结合史实分析，中国共产党如何继承和发展了孙中山的"革命的三民主义"？

很明显，这个问题涉及范围较广，且比较笼统，难度较大，很多学生无从下手。为了化解难度，减轻学生对问题的恐惧，我首先设计了这样的一个探究题：根据材料，分析孙中山的理论来源有什么特点？（材料较多，略）

学生通过对材料的分析总结，诸如"天下为公"思想等，理解了孙中山思想通古今的特点；分析林肯的民有、民治、民享思想，理解了孙中山思想融中外的特点。通过对材料的分析，为上面问题的解决做好铺垫。

由此再顺势引导学生回顾三民主义的概念，然后将问题一分为三：①中国共产党在民族革命方面有什么成就？②在民权方面有什么成就？③在民生方面有什么贡献？问题化整为零以后，变得更加具体，难度自然就降低了，学生积极参与了问题的研究和解答，最后教师综合起来做适当补充，就形成了一个完整的答案。

（1）民族。领导中国人民取得新民主主义革命胜利。对外，赶走帝国主义，实现民族独立；对内，实行民族区域自治，实现民族平等。

（2）民权。实行人民民主专政，颁布《中华人民共和国宪法》，保障人民的根本利益，实行人民代表大会制度。

（3）民生。全国土改，废除封建土地制度；进行社会主义改造，建立社

会主义公有制。

通过以上这些按层次、分步骤的分析和解答，学生更深刻地理解了孙中山的三民主义的内涵，同时也理解了中国革命在共产党的领导下不断向前发展，认识新中国革命胜利的伟大意义。

四、联系现实问题，增强历史解释的活力

注重历史教学与现实的结合，能激发历史教学的活力，激发学生学习历史课的兴趣，充分发挥历史教学的德育功能。教师适当地将历史知识与现实社会相结合，让学生对我们生活的这个时代有所感知，是符合高考题社会关怀价值取向的。赵亚夫教授更是明确表达说："学校历史课程（含教学）的基本立场，不是着眼过去，而是为了现实生活和未来发展的需要——这是传授与接受历史教育的目的。"[2]

为了增进学生与课文内容的亲切感，吸引他们的学习兴趣，我以乡土素材——兰州中山桥名称的来历进行导入：1928年，为纪念孙中山先生，由当时的甘肃省主席刘郁芬手书的"中山桥"匾额悬挂于铁桥南面的牌厦上，"第一桥"从此改名"中山桥"，并沿用至今。说明孙中山在中国有很大的影响力。全国有许多地方的名称与孙中山有关，如中山大学、南京中山路等。再聚焦到中山陵祭堂门楣上分别刻有"民族""民生""民权"等字样，引入正课。联系现实，创设教学情境，迅速把学生拉入学习情境中，最大限度地走入历史。可以说，好的导入起到了事半功倍的效果。

参考文献

［1］冯一下.试论历史解释的基本方式——"历史解释与历史教学"专题研究之三［J］.中学历史教学参考，2017（3）.

［2］赵亚夫.历史课堂的有效教学［M］.北京：北京师范大学出版社，2009.

注：2019年9月，《浅谈历史解释能力培养的策略》在《高考》杂志发表。

历史课堂自主学习的合理调控

永登县第一中学　马建虎

新课程实施以来，自主合作探究的学习模式已被广大师生普遍认可，充分发挥学生学习的自主性，在课堂上以"自我导向、自我激励、自我监控"的方式去学习，对教师来说是一次教学"大减负"。但我们又必须清醒地认识到：自主不是放任不管，而是对课堂更为高级的一种调控和把握。让学生动起来，自我树立目标，积极思考讨论问题，有效解决问题，从而改变被动学习（机械学习、他动学习）的状况，这才是自主的实质和目标，对现有课堂教学进行科学设计，合理调控课堂教学中学生的"学"，应该是自主课堂上教师的重要任务。结合课堂实践，我认为要做到合理调控，可以从以下几方面入手：

一、"我的学习我做主"——让学生参与制订自己的学习目标

目标是前进的动力和方向，科学的目标可以让学生产生积极的心态，学生参与制订目标，能使自己心中的想法具体化，更容易实现。学习做到心中有数，热情高涨。目标同时提供了一种自我评估的重要手段及标准，学生可以根据自己离目标的远近来衡量取得的进步，测知自己的效率。学生自己设计好学习目标，能够很好地促进思考，激发学习的求知欲。只有当学生想知道为什么的时候，才会主动思考、找答案。这个良好习惯的形成，对学生今后在学习方面都是有好处的。而且随着课堂学习过程中目标的不断实现，学生就会有越来越多的成就感，心态就会更加积极主动。如果没有目标，我们很容易陷入跟理想无关的现实事务中。一个忘记最重要事情的人，思想很容

易走神。

爱因斯坦曾经说："提出一个问题，往往比解决一个问题更重要。"因为解决一个问题只是教学技能而已，而提出一个新的问题需要有创造的想象力。制订学习目标，对于学生来说相对是一件较难的事。他们自己筛选目标时兴奋异常，但让他们为自己制订具体的学习目标时，却显出许多慌乱与无奈。教师帮助学生制订目标、修正目标，就成为一项重要的调控。只有制订了切合实际的目标，每个学生才能有的放矢，成为自主课堂的"责任人"。当然，在目标实施过程中的监督，应该成为另一种重要的调控方式，教师千万不可忽视。

二、"知之，好之而乐之"——课堂调控三部曲

"纸上得来终觉浅，绝知此事须躬行。"自主目标的顺利实现应该是自主课堂的终极任务。

首先，要激发学生学习的兴趣，让学生参与到课堂活动中来。例如，在讲历史必修二《欧洲联盟》时就把6月23日菲利普访华的最新新闻引进课堂，以今天中国同欧美的友好往来设置情境，引导学生了解欧美成立的背景、特点和历史演变。对于教材中难理解、抽象、枯燥的内容，我经常利用讲历史故事、猜谜语、名言警句、设置悬念、新闻奇事、联系时事政治等方式设置情境，使学生对历史学习产生浓厚的兴趣，使他们在获取知识、发展能力的同时，在快乐的学习中提高自我意识，增强内驱力和自信心，以获得成功的机会。教师要培养学生自主学习的能力，使其养成自主学习的习惯，唤醒学生的自主意识。

其次，教学中探究问题的设置也要经常变化和更新，不能每堂课都采用一样的思路和方法。有价值的问题才能激发学生的深度思考，所以设置问题要不断根据学生的反映调整难度和进度。通过不断设疑，引导学生不断思考和探索，自己发现定义或答案。这样学生会把自己的精力放在思考问题上，参与到课堂活动中来。通过自己思考得到的定义或答案，能充分激发学生的潜能，使课堂教学更加高效。

再次，教师要合理调控课堂情绪。教师在课前必须研究好学生，吃透教材，把握知识点的难度，设置好不同层次学生的问题，一定要准备充分。因为学生在课堂的情绪会随着知识的难度发生变化，知识的难度与学生的激情

成反比。例如高中历史必修三中"王阳明心学"的内容学生就很难理解，让学生自己学习很容易产生沮丧感，教师以《传习录》中王阳明"格竹成疾"和"龙场悟道"的故事引导学生感悟王阳明思想的变化，学生了解起来就轻松多了。教师在课堂上应始终情绪饱满，针对不同的教学内容时应该有不同的神情，用自豪骄傲的神情讲述中国古代悠久文化，用严肃忧虑的神情讲近代列强侵华，学生就会情不自禁地与老师的喜怒哀乐产生共鸣，在不知不觉中积极完成学习任务。

三、"说长道短"——让客观公正地评价为自主课堂注入正能量

评价课堂既要关注学生对知识与技能的理解和掌握，更要关注他们情感与态度的形成和发展；既要关注学生历史学习的结果，更要关注他们在学习过程中的变化和发展。教师的课堂教学评价，直接影响学生对知识技能的掌握和思想感情的发展。一堂课成功与否，很大程度上在于师生双向交流过程中教师有没有充满教育机智的教学评价的有效发挥。在课堂教学中，教师如何才能做到有效评价呢？我认为要注意以下几个方面：

（1）学生参与的全面性和参与思维活动的深入性。学生不仅能够参与活动，更能对问题进行多层面、多角度的思考；不仅能够解决一般的问题，更能够引发一些深层次的问题，并主动探求解决问题的多种途径；不仅能够运用一般的解决问题办法，更能够发现和掌握新的解决问题的策略。

（2）注意学生课堂表现的个性化。第一，如果发现课堂中的不和谐现象，要及时通过评价制止这种现象的蔓延；第二，面对学生的不同见解、不同观点或不符合标准的答案，首先鼓励学生的发现精神，更重要的是对学生新颖独到的见解和想法尽可能给予鼓励性评价，鼓励学生积极思考、质疑、提问，发表不同意见；第三，学生的观点出现错误时，尽量引导学生自己发现问题，自我改正。遇到复杂有争议的问题，留出足够的空间和时间，让学生讨论、争辩，自己得出结论。学习的目的应该重过程，轻结果。

"天高任鸟飞，海阔凭鱼跃"让我们明白了自由的界限，当自主扎根于新课标实施的广袤田野时，教师便是这沃土上辛勤的耕耘者，适时合理的调控会让我们的自主课堂事半功倍、硕果累累。

大处布局，细节打磨

从《鸦片战争》一课的教学设计谈起

永登县第一中学　马建虎

高中历史课以怎样的教育观、课程观为指导，采用什么样的教学方法才能很好地完成教学任务，可以说是教师经常要思考的问题。但这些又都涉及有关的教育思想和教学观念，也就是说，教学问题不仅仅是教学方式和教学手段技术性、技巧性的问题，而且体现了深层次的教学理念问题。通过《鸦片战争》一课的设计与教学，就我的一些思考成文，与同人共同讨论。

一、教学立意是教学的统帅、灵魂

设计一堂好的、有质量的历史课，必须要从大处着眼，立意要高。

（1）从宏观的角度看，学习中国近代史要从世界史的角度来看，要有世界史的概念。教师要认识到，现代化作为一个全球性的转变过程，即从传统农业社会向现代工业社会大转变的过程。从文明演进的角度讲，现代化是以商品经济为特征的工业文明取代以自然经济为特征的农业文明的结果。英国是工业革命的摇篮，走在世界的前列。继英国之后，法、美纷纷开始工业革命。鸦片战争就是在这样的历史大背景下发生的，从这个角度看中国近代史的脉络就清晰多了。

我设计的《鸦片战争》一课就是从马戛尔尼送给乾隆皇帝的礼品开始，（视频展示）包括天体运行仪、地球仪、先进的枪炮、利剑、望远镜、秒表、试探气候架、火镜、军舰模型、钢铁制品、纺织机、布料和油画等，大英帝国把科技博览会开到大清门前。让学生通过视频欣赏感受当时世界上最先进的产品，和中国的落后、闭关锁国形成鲜明对比。结合课本引言部分英国在世界的侵略扩张状况，说明英国工业革命后必然要开拓市场和掠夺工业原料，而中国对待英国礼品的态度——堆在厕所里面，预示中国即将成为英国的下一个侵略目标。

（2）学习《鸦片战争》一课，要把它放在中国近代史反侵略、求民主的大背景下思考，要有通史的概念。《鸦片战争》是高中历史必修一第四单元"近代中国反侵略、求民主的潮流"的开篇。鸦片战争是中国历史的重要转折点，是中国近代史的开端。英国发动鸦片战争，用大炮轰开中国的大门，开启了近代列强的侵华史，也开启了中国人民反侵略、求民主的历史潮流。因此，本课具有开篇点题的地位和作用，既是本单元的重点，更是全书的重点。

我在教学中通过两个环节突出"反侵略，求民主"的线索，重点分析鸦片战争的影响，让学生充分地认识中国的社会性质发生了深刻的变化，对比鸦片战争的前后特征。之前中国是独立自主的，强调领土和主权的完整性，之后，通过分析条约内容让学生得出结论：中国的领土和主权已经不完整，进一步和印度对比，印度主权尽失成为英国殖民地，所以中国成为半殖民地国家。

（3）在教学过程中，我尽量把近年来的历史科研成果运用到教学活动中来。一些历史的定论，比如鸦片战争的影响，之前我们一直强调它使中国开始沦为半殖民地半封建社会，我在课堂上也强调鸦片战争是中国走向世界、走向近代化的开始。

二、酌情取舍，大胆整合，利教利学

在以新课标为"准"的前提下，教师完全可以根据教学的需要对教材进行二次处理和教学内容的自主编排，整合现有各种教学资源，也就是要历史教师思考怎样依据课标、依托教材，在宏观上进行整合和整体设计，微观上适当地进行取、增、舍，最终引领学生实现对课本的超越，从而提高教学效率。历史课程应尽量避免教条化、模式化倾向，不刻意追求历史学科体系的完整性。课程内容的选择应体现时代性，符合学生的心理特征和认知水平，大胆取舍、整合，有助于学生的学习。

教研篇——深思凝练提升专业素养

在《鸦片战争》一课的教学实践中，让我们最头疼的问题是课本内容完成不了。主要的知识点有鸦片战争前的世界和中国、虎门销烟、两次鸦片战争的原因和基本史实、《南京条约》的内容和影响、《天津条约》和《北京条约》的内容和影响等。40分钟完成10个知识点，一节课密密匝匝、紧紧张张，有些教师干脆分两课时来完成。

我对本课的设计是基于学生初中历史已经学习过鸦片战争相关内容，因此在教学设计中尽量淡化初中学生已经学过的军民抗击侵略的事迹和战争过程，避免内容的重复。重点引导学生分析战争的起因、战败的原因和战争对中国的影响，这符合高中生的认知特点。更多地启发学生客观、理性地思考问题，尽可能通过历史现象认识它的本质。在教学方法设计上，鉴于本课知识量大的状况，学生能学懂、能理解的知识，我尽可能少讲、不讲，这样便可以让出更多的时间思考解决复杂的问题。我设置了"有人要重修圆明园，你如何看待"的问题，供学生思考讨论。课本内容完成后我还设计了"痛定思痛"一节，设置问题一：分析中国战败原因；问题二：为苦难中的中国出谋划策。作为对课本的延伸，使课本知识更具开放性和思想性，课堂时间也没有很紧张的感觉。

三、把课堂还给学生

长期的习惯使我们从教育者的角度观察教学的实际问题，把教师看作是教学这个舞台上的主角。但在新课程改革的条件下，这样的理念已经不适合了。课堂本应是师生间进行平等交往、对话、沟通和探究学问的互动舞台，教师与学生都是课堂教学的参与者，师生共同完成课堂教学的目标和任务。

为了达到师生间自由进行交往、对话和沟通的目的，在《鸦片战争》的教学流程中，我注重从三方面来处理。①情境营造，激发学生兴趣，启迪学生思维。新课导入时，我设计了卡梅伦访华和马戛尔尼访华两段视频对比，非常吸引学生眼球，一下子拉近了历史与现实的距离。在讲述"火烧圆明园"时，我没有用课本或网络上的图片资料，而是用了我到北京旅游时拍到的圆明园图片，学生看到我的作品时显然更感兴趣。根据导游介绍，我设置了"有人要重修圆明园，你如何看待"的问题，迅速激发了学生的学习热情和对课堂讨论的参与度。说到林则徐时，应用了我们家乡《永登县志》

中的资料："1842年林则徐自兰州境内起程，行70里，宿于苦水驿，在红城驿（今红城镇）进午餐。应当地官民请求，林则徐题写了'善民福地'的匾额。宿于南大通（今大同镇），到（永登）县城吃饭。"乡土历史的引入，既吸引了学生的注意力，大大增强了学生对历史的亲切感，又能激发学生热爱家乡的情感。②设置问题链导学，培养学生的问题意识。为了让学生以学习主体的姿态积极主动地投入到课堂教学中去，积极地配合教师教学活动的顺利展开，我精心设置了四个探究问题。"问题一：马戛尔尼访华，中英两国远隔重洋，一个在亚欧大陆东端，一个在亚欧大陆西端。五六个月辗转到中国目的何在？清政府的态度如何？""问题二：因此有人说'若没有林则徐禁烟运动，就不会有中英鸦片战争'，你对此有何看法？""问题三：鸦片战争对我国产生了什么样的影响？有人把鸦片战争作为中国近代史的开端，你怎么理解？""问题四：中英鸦片战争的最终结局是握有正义、抵抗侵略者的失败，野蛮侵略、残暴劫掠者获胜。我们有本土作战的先决条件，又拥有百倍于英军的武装，为何却败于远道而来总兵力仅1万人的英军？"引导学生思考问题、阅读课本、讨论问题，从机械地向学生灌输转向培养他们积极学习、思考以及自我反思的习惯和能力。当学生的学习兴趣和反思习惯形成后，学生的发展性思维和能力就会比较好地向前跃进，课堂教学的基本任务也就实现了。③促进学生情感升华，走进历史，走出历史。历史学科属于人文学科，说到底，历史教育的本质也就是人文素质教育。从历史学科内容的包容性看，历史几乎包括了人的思想、行为等各个方面，历史教育的素材应该是最丰富的，而其中情感因素是历史素材中固有的丰富资源。没有情感的教育不是对人的教育，情感教育应该成为历史教育的出发点和归宿。在《鸦片战争》的教学中，学生通过对"虎门销烟"的学习产生对林则徐的崇敬之情，通过对"火烧圆明园"的学习，面对西方列强的入侵、政府腐败、国土沦丧、人民惨遭屈辱和杀戮，学生产生很强的屈辱感受。这是一种初步的情感体验，更高层次的情感体验应是引导学生进一步理性思考鸦片战争现象背后的一些问题。例如，我设置了探究问题四，并提供了一些数据和材料引导学生从政治、经济、军事、外交方面来分析，经过理智思索与讨论，让学生在痛恨列强侵略的同时也更能深刻感受英国工业革命的强大力量，让学生在慨叹清政府腐败懦弱的同时认识到"落后就要挨打"的道理。学历史的

最高境界是走出历史看历史。我在课本内容完成后，留出几分钟设计了课堂延伸内容，主题是"煮酒论史"，如"为苦难中的中国出谋划策""鸦片战争对今天强大的中国有何借鉴意义"等，供学生自由讨论。学生情绪高涨，竞相发言，尽管有些观点尚不成熟或有失偏颇，但学生学会用历史的视野来认识和理解历史和社会现实的问题，学会思考人类的发展和人生的价值。这样历史课增长才智、陶冶情操、坚定信念，追求进取的功效凸显出来，历史课堂的现实意义也就充分展现了。

教师根据学生的实际情况因材施教，让学生以学习主体的姿态积极主动地投入到课堂，培养他们积极学习和思考以及自我反思的习惯和能力，保证教学效果达到最终的课堂教学目标，学生才能切实体会到教师的关怀和教育的温暖，才会积极配合教师教学活动的顺利展开。如果真正能做到这样的话，那么这种课堂就必然是充满生机和生命活力并深受学生欢迎的课堂。

注：2017年11月，《大处布局，细节打磨——从〈鸦片战争〉一课的教学设计谈起》获甘肃省教育科学研究院"甘肃省2018年学前教育、中小学高等教育、教学优秀论文评选活动"二等奖。

例谈高中历史教学立意的提炼与聚焦

永登县第一中学　施泽玉

教育的根本问题是"培养什么人、怎样培养人"的问题，高中历史新课标修订的出发点和落脚点都是立德树人。德国雅斯贝尔斯的"历史课的教学是发展学生对古代文化的虔敬和爱戴之心，启发他们为了人类更高的目标而奋斗，并形成对现实批判的清醒历史观"[1]，指出了历史教学的立意与目标。《普通高中历史课程标准（2017年版）》凝炼了历史学科核心素养，即"学生通过学科学习而形成的正确的价值观念、必备品格和关键能力"[2]，凸显了新时代背景下高中阶段历史学科育人价值的新观念。历史课堂价值目标（即课堂立意或课堂灵魂）正是核心素养在教学中的具体体现，而教学立意的提炼与聚焦就是确立课堂价值目标，实现历史课程教育功能的起点。

教学立意中"立"是确立，"意"指教学内容的主题，也叫中心思想，"立意"就是提炼和确立教学的主题。高中历史教学中，立意的提炼决定了教学设计的层次，如选材组材、谋篇布局、问题设置、教法选择以及拓展升华等诸多方面；立意的聚焦决定了教学实施的过程，如导入激趣、学习展示、课堂生成问题的解决以及反馈评价等诸多环节。历史教学立意的提炼与聚焦旨在在教学实施过程中有方向地引导学生完成预设的核心目标，激发学生对历史的思考，从而把历史学科素养的培养层次化、微观化和精确化，提高历史教学效果。

教研篇——深思凝练提升专业素养

一、高中历史教学立意提炼与聚焦的方法

1. 单元专题立意法

在进行教学设计时，首先整体把握课程标准中单元专题的核心内容，关注教科书的单元引言，提炼核心知识，贯通史实前后，确立教学立意。如设计必修二《世界经济的全球化趋势》一课的教学立意时，先关注单元引言"人类历史经历了一个从分散的、局部的向整体的、全球化发展的过程。工业革命后逐渐形成的世界市场把世界各地紧密地联系起来，促进了各地区之间的经济和文化的交流。……在经济全球化发展的同时，世界经济也先后形成了几个主要的区域经济集团。经济区域集团化是经济全球化的现实表现"。根据引言内容，确定本单元的核心知识——全球化。确立后贯通史实前后，第5课《开辟新航路》使世界各地区经济联系增多，第7课《第一次工业革命》和第8课《第二次工业革命》加速了这一进程，第23课《世界经济的区域集团化》和第24课《世界经济的全球化趋势》使世界经济由区域集体化向全球化迈进。以上现象反映的本质是经济全球化是世界经济发展的必然趋势。在此基础上确立本课的教学立意，如下：

经济全球化是经济从区域走向世界的过程。经济全球化是一把双刃剑，既推动了世界经济的一体化和迅速发展，同时也加剧了全球竞争中的利益失衡，带来了全球性问题。全球性问题也必须用全球化的方法解决。规范化、法制化的世界贸易组织的建立，成为国际经济贸易领域中协调各成员国相互间贸易关系、解决各国贸易争端的机构。为了适应时代发展的潮流，中国加入了世界贸易组织，抓住机遇，迎接挑战。

2. 课文标题立意法

在教学设计前，先阅读课文标题，探究历史事件，确立教学目标，深挖历史内涵。课文标题是教材编订者根据课程标准中关于课文内容的要求提炼出来的一组或几组关键词，是与本节课课堂教学目标实施直接关联的重要内容，也是教材文本中最重要的基础知识，如英国君主立宪制、民族资本主义、人文主义、全球化等。历史课文标题不仅科学、新颖、简练，符合学生认知规律的特征，而且具有鲜明的历史性，是本课内容的核心，是学生需要掌握的基础知识，是形成历史思维能力、体会历史思想方法的载体，是理解意义与价值的基础。

历史课文的标题大多数是一个事件命题，如必修一的《古代希腊的民主政治》《罗马法的起源与发展》《英国君主立宪制的建立》《美国联邦政府的建立》《鸦片战争》《太平天国运动》《辛亥革命》《抗日战争》《解放战争》等，直接以探究这个事件作为教学立意。也有课文标题是两个或两个以上的事件命题，如必修一的《从汉至元政治制度的演变》《甲午战争和八国联军侵华》，一般从揭示两者间的关系角度来确定教学立意，探究两者是并列关系、递进关系，还是对比关系，思考过程、趋势以及为何将两者放在一起论述，从这些角度出发考虑教学立意。还有课文标题在事件前加入时间来命题，如《夏商西周的政治制度》《秦朝中央集权制度的形成》《明清君主专制的加强》《新中国初期的外交》《世纪之交的世界格局》等，一般从把握内容时代特色的角度来确定教学立意。

3. 历史思维立意法

历史思维是从全面的和辩证的、发展的和联系的、具体的和综合的角度来考察历史的和现实的社会问题的，在教学设计中运用历史方法，搭建历史脉络，建构认知逻辑。如设计必修一《祖国统一大业》的教学立意时，先理清楚什么是"一国两制"，为什么提出"一国两制"，怎样实践"一国两制"，在此基础上，从马克思主义立场出发，以科学的世界观和方法论对"一国两制"进行认识，确定教学立意如下：

"一国两制"属于中国特色的社会主义制度体系，这一方针是在十一届三中全会以后，随着思想解放的步伐提出来的，港、澳的顺利回归见证了中国综合国力的不断提高。"一国两制"源于中国传统"和而不同"的思想，蕴含着"求同存异"的精神实质，是对马克思主义国家学说的重大发展，为国际社会解决历史遗留问题提供了范例。

4. 历史史观立意法

历史观是"史学的灵魂"，是"历史学的理论指导"，是"史学理论的核心内容"。唯物史观是高中历史教学中要求学生初步掌握的一种核心理论素养，也是历史教学中史观立意的基础。在教学设计中，把握教学内容，联系历史史观，关注核心节点，如教学难点、与现实衔接处等，在此基础上确立教学立意。如设计必修三《启蒙运动》的教学立意时，运用唯物史观，设

计如下：

启蒙思想是社会政治经济发展的产物，是人类文明精华积淀之所在，更是近代资产阶级为之奋斗的成果。这些成果不仅仅属于个人和那个时代，更属于世界，属于全人类。学习启蒙思想，关注社会进步，培养坚强的意志，树立科学精神，敢于怀疑，勇于创新，不断追求真理。

二、提炼与聚焦教学立意的原则

1. 基于课程标准

《中国大百科全书·教育》将课程标准定义为"是规定中小学培养目标和教学内容的文件"。高中历史课程的基本理念是"普通高中历史课程根据历史学科和历史教学的特点，全面发挥历史教育的功能，尊重历史，追求真实，吸收人类优秀文明成果，弘扬爱国主义精神，陶冶关爱人类的情操。通过历史学习，使学生增强历史意识，汲取历史智慧，开阔视野，了解中国和世界的发展大势，增强历史洞察力和历史使命感"。[3]

课程标准是教材编写、教学和考试命题的依据，是衡量各科教学质量的重要标准，是国家管理和评价课程的基础，也是教师设计教学、确定教学立意的最重要的依据。在提炼与聚焦教学立意时，要结合课程标准，以课程标准为主线，对教材内容进行科学、合理、适度的整合。

2. 基于学科特点

学科是工具，是桥梁，是平台。历史学科本身所蕴含的思想性和帮助学生构建思想、完善人格的职责，赋予历史教学应该体现以思想感悟为主体的教学立意的使命。高中历史教学中确立教学立意对培养学生正确的历史意识、国际意识、公民意识、道德观、人生观、价值观，形成健全的人格，提高人文素养等，有着重要的意义。这些都是学生在学习历史的过程中逐步形成的具有历史学科特征的必备品格和关键能力，是历史知识、能力和方法、情感态度和价值观等方面的综合表现。在教学立意的设计中要体现唯物史观、时空观念、史料实证、历史解释和家国情怀，如必修一《开创外交新局面》设计立足于挖掘历史的学科思想，培养学生的学科思维，达到"读史明智"的境界。教学立意如下：

外交平台是大国博弈的舞台，外交实力是综合国力的见证。中国始终坚持独立自主的外交政策，坚持走和平发展的道路。通过学习我国在20世纪70年代外交方面取得的重大成就，感受中国国际地位的不断提高，领悟新时期外交政策的重大调整，增强民族自豪感，培养学生对国家民族的历史使命感。

3. 基于学生发展

新课程的核心理念是"为了每一位学生的发展"，也就是说，课程要着眼于学生的发展，要面向每一位学生，要关注学生全面、和谐的发展。历史学科是一门人文学科，也是一门极具育人价值的学科，历史教育的终极目标是实现学生的全面发展。教育是连接学生和价值双方的桥梁，瑞士心理学家皮亚杰把教育定义为连接双方的关系："一方是成长中的个人，另一方是社会的、智慧的和道德的价值，教师要负责把由他启蒙的那个个体带进这些价值中。"教学是教师与学生的双边活动，而教的目的是为了更好地学，教学立意的确定须基于学生的发展。要关注学生的学情与现状，高一学生通过初中的历史学习和训练后有了一定的历史知识储备和分析问题、解决问题的能力，奠定了进一步理解历史问题的基础。高二文科学生理解抽象问题和对历史问题进行探究的能力有所提高，感兴趣的领域也比高一时广泛，对某个领域的认知程度与理解深度也比高一学生要深，教师要考虑不同地区、不同学校、不同班级学生的差别，有针对性地设计出适合不同类型学生的学习活动，既要让学生学到鲜活的历史，又要学到灵活的学史方法，引发学生对历史的思考，提升学生的历史思维能力，使每一个学生都能得到发展。

参考文献

［1］雅斯贝尔斯（著），邹进（译）. 什么是教育［M］. 北京：生活·读书·新知三联出版社，1991.

［2］中华人民共和国教育部制订. 普通高中历史课程标准（2017年版）［S］. 北京：人民教育出版社，2018.

［3］中华人民共和国教育部制订. 普通高中历史课程标准（实验）［S］. 北京：人民教育出版社，2003.

教研篇——深思凝练提升专业素养

略谈核心素养背景下高中历史教师的专业素养新要求

永登县第一中学　费成祖

《普通高中历史课程标准（2017年版）》（以下简称"新课标"）提出，高中历史课程的基本理念之一是要将培养和提高学生的历史学科核心素养作为目标。这意味着高中历史学科的课程目标已经由过去的三维目标（知识与能力、过程与方法、情感态度和价值观）转化提升为五大素养目标（即新课标提出的唯物史观、时空观念、史料实证、历史解释、家国情怀），也标志着以发展学生核心素养作为实现学校教育价值和培养人才的质量标准已经由学者们的学术追求正式上升为国家意志。

高中历史课堂教学中如何能够有效地呈现和养成学生的核心素养，必然要涉及课程改革的诸多因素，但其中最为关键的因素毫无疑问应该是新课程标准的执行者、课堂教学改革的实施者——教师。培养学生的历史学科核心素养，首要前提应该是历史教师必须具备并不断发展和提升自身的专业素养。因此，关注新课标背景下高中历史教师的专业发展，提升教师的专业素养，是实施新课标面临的紧迫而又重要的问题。

那么，新课标对高中历史教师的专业素养提出了哪些新要求呢？根据对新课标的初步学习与理解和对教学实践的观察与反思，我认为，比较突出地体现在三个方面。

一、跳出历史学科定位，树立以发展学生核心素养为目标的历史教育育人理念

新课标关于高中历史课程的性质明确指出："中学历史课程承载着历史学的教育功能。……通过高中历史课程的学习，使学生在义务教育历史课程学习的基础上，进一步拓宽历史视野，发展历史思维，提高历史学科核心素养，能够从历史发展的角度理解并认同社会主义核心价值观和中华优秀传统文化，认识并弘扬以爱国主义为核心的民族精神和以改革创新为核心的时代精神，具有广阔的国际视野，树立正确的世界观、人生观、价值观和历史观，为未来的学习、工作与生活打下基础。"

然而，当前现实中的高中历史教学中有一个明显的现象，就是有许多历史教师受制于自己历史学科的专业定位以及高考试题或者各种良莠不齐的训练模拟题的导向，常常在课堂教学内外对一些具体的历史细节问题查阅钻研、绞尽脑汁、费尽周折。这种严谨细致、求真求实的学术精神固然值得肯定，但问题是，那么多的历史学科细节问题真的有必要、有可能让高中历史教师一个个地都去解决清楚吗？这样的学术取向做法能够保证全面充分地履行一名历史教育工作者的职责吗？

华南师范大学教授黄牧航教授认为，历史教师的专业应该包括历史学科专业和历史教育专业两个不可分割、相互统一的方面。在实践中，往往比较强调的是前者，而容易忽视历史教育的专业要求。所以，黄教授认为："历史学科核心素养的提出，对中学历史教师最大的挑战就是——不能再单纯地从历史学科的角度来理解历史教育，而必须从人的素养提升的角度来理解历史教育。"因此，历史教师应该将历史课堂教学作为实现发展学生核心素养目标的载体，跳出和超越历史学科界限，体现自己的"家国情怀"，着眼于为国家培养具备合格素养的公民，从历史教育的视角入手，在教学内容的选择和教学方法设计，以及教学质量和效果的评价中，都应该针对和指向于学生的核心素养目标，从而真正实现为学生的素养而教，而不是为学科而教。

二、系统学习和掌握唯物史观，自觉地以唯物史观贯穿和指导历史课堂教学

《高中历史课程标准（2003版）》明确要求："普通高中历史课程，是用历史唯物主义观点阐释人类历史发展进程和规律，进一步培养和提高学生的历史意识、文化素质和人文素养。"使学生"学会用马克思主义科学的历史观分析问题、解决问题，学习从历史的角度了解和思考人与人、人与社会、人与自然的关系，进而关注中华民族以及全人类的历史命运"。

高中新课改实施的十多年来，在历史课程的教学实践中，大部分老师都逐步学会了用更加多元的历史观来指导自己的教学，比如全球史观、文明史观、现代化史观、社会史观、生态史观、革命史观、阶级史观等，这些多元史观对于开阔学生视野、发展学生的历史思维都起到了积极而有效的作用。

新课标指出："唯物史观是揭示人类社会历史客观基础及发展规律的科学的历史观和方法论。"并提出，普通高中历史课程的首要目标就是使学生在掌握必备的历史知识基础上，了解唯物史观的基本观点和方法，理解唯物史观是科学的历史观，正确认识人类历史发展的总趋势，将唯物史观运用于历史的学习与探究中，并将唯物史观作为认识和解决现实问题的指导思想。可见，新课标更加明确地突出了唯物史观在高中历史课程实施和课堂教学中的指导地位，强调了历史学科核心素养中的唯物史观是时空观念、史料实证、历史解释以及家国情怀的指导思想和理论保证。

由此，为了适应新课标的要求，历史教师必须着眼于历史课程的教育功能，积极主动地学习马克思主义唯物史观，深刻系统地理解和掌握唯物史观的基本观点和一般原理，包括：人类社会形态从低级到高级的发展趋势；人民群众是历史的创造者；生产力和生产关系之间、经济基础和上层建筑之间的辩证关系和相互作用；社会基本矛盾是社会发展的根本动力等，并且要自觉地将马克思主义唯物史观作为历史课程教学的指导思想，发掘唯物史观与多元史观的内在联系，深入挖掘历史教科书中有效结合点，精心选择史料，深入透彻地加以分析，合理设计教学方法，坚定自觉地引导学生感悟和理解唯物史观的各个观点和原理，进而初步运用唯物史观分析和认识问题。

三、培养广泛的跨学科兴趣，构建既专深、又广博的复合型专业知识结构体系

新课标的另一个显著变化，就是调整和更新了历史课程的结构和内容。课程结构上构建了由必修课程、选择性必修课程和选修课程三类课程所组成的课程体系。必修课程采取通史方式，设《中外历史纲要》模块24个专题；选择性必修课程和选修课程采取专题史方式，设三个模块，各有6~7个专题。根据新课标第四部分课程内容所列举的内容要求来看，和原有课程内容相比较，无论是必修课程，还是选择性必修课程，既删减了许多原有内容（如太平天国运动、近代中国的经济、西方早期殖民扩张、巴黎公社运动、经济危机、罗斯福新政、苏联经济建设以及世界近现代文化科技成就等），也新增了许多内容，其中必修课程的24个专题中有大约13个专题属于新增或调整内容。新增的内容基本都属于历史学科内的专业必备知识点，也有反映国家意志的最新历史观点和思想，如南海诸岛和台湾岛包括钓鱼岛在内的附属岛屿是中国版图的一部分、抗日战争变为十四年抗战、科学发展观和习近平新时代中国特色社会主义思想等。选择性必修课程的三个模块是由原来的三个必修模块调整更新而来，也有大约10个专题属于新增，如中国古代法治、基层管理与社会保障、货币与税收、食物生产与社会生活、村落城镇和居住环境、医疗与公共卫生、多样发展的世界文化、人口迁徙与文化认同、战争与文化碰撞、文化的传承与保护、信息革命与人类文化共享等。选修课程设两个参考模块，《史学入门》和《史料研读》则是全新内容。从以上分析可以看出，新课标对历史课程内容的调整对广大高中历史教师的知识结构素养也提出了极大的挑战和要求，同时也为历史教师的专业发展和素养提升带来了新的机遇。

作为一线的历史教师，首先，必须针对必修课程内容的调整、增加，不断强化和提升历史学科的专业知识的深度和精度；其次，要针对选择性必修课程可能涉及的政治、管理、法律、经济、金融、商业、交通、地理、建筑、人口、战争、生物食品、医疗保健、教育留学、出版翻译、文化文学、戏剧艺术等方面的教学要求，广泛涉猎各个学科专业基础知识，若能够适当深入钻研3~5个学科更佳；再次，历史教师还应高度重视教育学、教育心理

学、教育科学研究方法以及现代教育信息技术等方面的一般教育学知识和历史学科教育学、教材教法设计等方面的历史教育学知识的学习和更新，及时关注教育心理学、教育教学理论和实践发展的最新理论成果和前沿知识，只有这样才能不断提升历史课堂教学能力，提高教学质量，保障培养学生核心素养目标的真正有效实现；最后，历史教师还应该努力把历史与现实和未来紧密联系起来，积极敏感地关注和搜集国内外现实社会发展的时事新闻、重大政策、流行热点等，挖掘这些热点方面与课堂历史知识的联系，不失时机地将其引入课堂教学，激发学生兴趣，开拓历史视野，引导学生分析其因果联系和发展趋势，培养学生的历史思维能力和历史解释素养。只有通过以上努力，历史教师才能自我建构既专深又广博的复合型专业知识结构体系。

历史教师专业素养的提升主要通过自修阅读、成长记录、团队合作、专家引领、观摩案例、参与培训、研讨反思等多种方式的有机结合来实现，其有效性根本上依赖于教师个体的自觉性、勤奋性、坚持性等良好品格。

总之，面对即将到来的基于新课标的新一轮高中历史课程改革，历史教师必须具备立德树人的家国情怀，以马克思主义唯物史观为指导，认真学习和理解新课标的精神内涵，深入仔细地研读新教材，关注史学研究的最新动态和教育发展的最新方向，不断自觉地提升专业素养，提高教学设计能力，有效组织教学活动，及时反馈和改进教学，才能促成课堂教学中深度学习的发生，最终达成核心素养目标的实现。

注：本文于2018年7月获得中史参湖北宜昌"探索新时代历史教育"全国研讨会论文评选一等奖。

浅谈高中历史时空观念的培养

永登县第一中学　苗红琴

历史时空观念由历史时序观念和历史地理空间观念组成，指将历史与特定时间、空间相联系，进而理解并做出分析的观念。具体来说，就是能够在历史时空框架下将历史事件、历史人物、历史现象加以联系，加深对历史变迁、延续、发展、进步等意义的理解，从而对史事进行合理解释的观念。时空观念是在特定的时间联系和空间联系中对事物进行观察、分析的意识和思维方式。任何历史事物都是在特定的、具体的时间和空间条件下发生的，只有在特定的时空框架中，才可能对史事有准确的理解。

但高中生学习历史的过程中时空观念缺失的问题比较严重。大部分学生将中外历史事件混淆，古代、近代、现代的时间节点和事件把握不准、分辨不清。做材料题时，学生不能根据题干和材料中给出的时间和空间上的信息和提示，与其相应的历史事件进行链接，读不懂题，找不到方向，看不到题眼，严重影响了学生成绩。因此，教师在历史教学过程中要特别重视和加强对学生时空观念的培养。根据我的教学经验，可以从以下几个方面入手。

一、专题教学，建构时空框架，步步深入

充分利用新课程专题史的优势，进行专题归纳。在教学过程中，一般分三步走。第一步，重视每一单元的引言。学生阅读引言，梳理单元线索，培养建立时序思维的意识，形成初步认识。例如，在必修三第一单元《中国传统文化主流思想的演变》教学中，首先让学生阅读引言，梳理基本的知识脉络。春秋战国时期，出现了百家争鸣的局面，成为后世思想文化发展的源

头。汉武帝时，"罢黜百家，独尊儒术"奠定了儒家思想的正统地位。魏晋南北朝时期，传统儒学受到挑战。两宋时期，程朱理学形成，极大地深化了传统儒学，进一步巩固和凸显儒学的主体地位。明清之际，早期启蒙思想出现，开创出思想活跃的新局面。第二步，引导学生完成四个历史时段具体内容的学习。第三步，结合所学内容，积极引导学生自主创建基于史实的史事进程图表。

表5

时段	背景	史实	特点
春秋战国	大变革、大动荡	孔子、孟子、荀子的思想；老子、庄子的思想；韩非子的思想；墨子的思想	百家争鸣 儒家思想形成
汉代	无为到有为	董仲舒的新儒学 汉武帝的尊儒措施	"罢黜百家，独尊儒术" 儒学成为正统思想
宋明	儒学地位受到挑战 三教合一	程朱理学 陆王心学	儒学新发展 巩固儒学主体地位
明清	封建制度走向衰落 资本主义萌芽 理学僵化	李贽、黄宗羲、顾炎武和王夫之的思想主张	儒学的批判继承 早期启蒙思想

这样，通过基于具体史事基础之上的归纳总结，进一步细化、深化专题知识的同时，强化学生的时空观念。

二、通史教学，整合教材，梳理大事年表

梳理大事年表，按顺序罗列专题中相关的重大历史事件，纵横联系，有机整合，把零散的知识点穿成知识链，结成知识网。例如，在必修三教学时，用通史思维将教学内容进行微调，先完成第一单元《中国传统文化主流思想的演变》和第三单元《古代中国科学技术和文学艺术》的教学任务，让学生结合必修一第一单元《古代中国的政治制度》和必修二第一单元《古代中国经济的基本结构和特点》的内容，梳理中国古代政治、经济、文化的大事年表；再完成必修三第二单元《西方人文精神起源及其发展》的教学，让学生结合必修一的第二单元《古代希腊的政治制度》和第三单元《近代西方资本主义政治制度的确立与发展》的内容，以及必修二第二单元《资本主义

世界市场的形成和发展》的内容，梳理西方政治、经济、文化发展的大事年表。使学生历史学习条理化、系统化、简易化，在养成良好的学习习惯的同时，更重要的是让学生在大事年表中找出相近时间段里发生的主要历史事件，引导学生探究这些事件的关联之处，明白史事发生的背景或原因，感受史事的影响和意义，从而拓展学生的历史思维，强化学生的时空观念。

三、地图教学，强化学生的时空观念

历史地图所传递的信息具有时间和空间相结合的特性，历史地图把时间与空间紧密结合起来，准确标明了不同历史时期在不同历史地理位置所发生的事件。例如，在必修一《祖国统一大业》教学中，回顾香港问题的由来时，采用地图动态依次展示：1842年，鸦片战争清政府战败，被迫与英国签订屈辱的《南京条约》，割香港岛给英国；1860年，第二次鸦片战争清政府战败，被迫与英国签订屈辱的《北京条约》，割九龙司地方一区给英国；1895年，甲午中日战争清政府战败，清政府与日本签订屈辱的《马关条约》，在《马关条约》的刺激下，列强掀起瓜分中国狂潮，1898年，清政府与英国签订《展拓香港界址专条》，强租新界。这样展示香港问题的形成过程，有利于学生全面、清晰、准确地掌握历史事件发生、发展的先后次序以及所在的准确历史位置。基于这样的历史地图教学，使学生准确把握历史地图的时空特性，强化学生的时空观念。

时空观念是核心素养中历史学科本质的体现，是高中生了解历史知识、培养历史思维、解决历史问题的关键，是历史学习的基础。我们在日常教学中，通过各种方式进行时空观念的培养，使学生拥有时空意识，为学生学习历史插上起飞的翅膀。

参考文献

［1］中华人民共和国教育部制订.普通高中历史课程标准（2017年版）［S］.北京：人民教育出版社，2018.

［2］田静.历史地图在中学历史教学中的应用［D］.西安：陕西师范大学，2011.

［3］袁婕.历史学科核心素养之时空观念的培养及策略［D］.浙江：温州大学，2017.

［4］艾宛虹.浅谈历史核心素养之时空观念在课堂教学中的运用［J］.中学历史教学，2017（05）

（本文发表在《新课程》2019年第27期）

研 修 篇

——与时俱进汲取思想精华

　　这是一个信息超速发达的时代，是一个快节奏的时代，一日千里、日新月异、万象更新、与时俱进是这个时代的最恰当的标签。世界上唯一不变的，就是一切都在变。应对不确定的最好办法，就是终身学习、终身发展、终身适应。知识量的激增，教育手段的信息化，无不在对教师提出新的挑战，也提出新的要求，我们习以为常的、陈旧的教育教学方式已经不能满足学生的需要。

　　兰州市施泽玉首席专家工作室是一个优秀的团队，从2011年启动开始，在兰州市高中历史教育中有一定的引领和辐射作用。为了保证工作室团队的发展，工作室组织成员多次参加各级各类历史教育教学全国学术研讨会。我们近距离地聆听中国历史教育界的大咖们如赵亚夫、霍巍、姬秉新、陈晓律、张海鹏、任鹏杰的讲座，也领略了全国各地历史名师如陕西名师郭富斌、江苏名师束鹏芳和李月琴、安徽名师何劲松、成都名师陈子斌、上海名师李惠军的风采。一场场报告和讲座带给我们强烈的情绪感染和深刻的理念引领，进一步了解和掌握新课改的发展方向和目标，感悟到教师的使命感与素质提高的紧迫性。在培训学习中获得对职业价值的理解、对职业幸福的感悟，感受到专家引领对教师成长的意义。更重要的是在一次次的感悟中让我们懂得了课堂不再是简单的知识传递和技艺的习得，而是应该有更多的人文气息，使我们的课堂多一些智慧和灵动，让教育真正成为人格心灵的唤醒者。

高层次研修，多元化收获

永登县第一中学　马建虎

　　2013年12月25日，兰州市高中历史施泽玉名师工作室一行8人来到成都参加一年一度的史学盛会——全国历史教师教育专业委员会第五届学术年会。一到成都，就能深深感受到它美丽的自然气息和深厚的人文历史沉淀。成都历史悠久，有"天府之国""蜀中江南""蜀中苏杭"的美称，有世界文化遗产——都江堰和青城山，世界自然遗产（扩展部分）——大熊猫栖息地。成都还有著名的人文景观：武侯祠是闻名海内外的三国文化圣地；杜甫草堂是富有诗情画意和竹林风光的名园；三星堆遗址出土了世界上最早、树株最高的青铜神树，世界上最早的金杖，世界上最大、最完整的青铜大立人像，因最大的青铜纵目人像，因一次性出土最多的青铜人头像、面具而轰动全世界，被誉为世界"第九大奇迹"……厚重的历史情愫紧紧环绕着、感染着来自全国的高校历史课程论专家教授、历史教研员、中学历史教师以及出版社、杂志社代表。尽管冬意已浓，全国历史教学人却热情洋溢、充满期待。全国历史教师教育专业委员会第五届年会暨学术讨论会在有着浓厚历史底蕴的四川师范大学隆重召开，我们将在这里聆听全国知名史学专家学者的讲座，体味专家们的现场评课，经历沙龙历史智慧的碰撞，这将是一次学术的研究盛会、一顿精神的饕餮大餐。

学习篇

　　28日上午，学术年会开幕式在狮子山校区学术报告厅隆重召开，周介铭校长在开幕式上致欢迎词。开幕式上，全国历史教师教育专业委员会副理事长兼秘书长、西北师范大学教授姬秉新致开幕词。

会议期间，与会人员围绕"聚焦中学历史课堂教学"这一主题，采用专家报告、优秀课例展示、听课与研讨、学术沙龙等形式，对新课改背景下初高中历史教学的有效衔接、中学历史教学设计与教学实施、中学历史课堂的史料教学、中学历史课堂的情境创设、中学生认知结构与历史知识构建等问题进行了深入研讨，学术研讨氛围热烈。为期2天的学术年会对我国历史教师教育的发展和基础教育历史课程改革向纵深推进起到了重要的引领、示范作用。

一、史学大家高屋建瓴，学术沙龙精彩纷呈

28日开幕式后，四川大学历史文化学院院长、四川大学博物馆馆长、考古学系教授、博士生导师霍巍做了题为《考古学的昨天、今天与明天》的学术报告。他的报告从"中国考古学的诞生与前行""前所未有的发展"和"具有世界眼光的中国考古学"三个方面进行讲述，给我们展示了大量最新的考古成果，尤其是三星堆遗址出土的大量文物，让大家重新体验我们祖先曾经走过的路。他以自己的亲身考古体会和卓越的见识，采用中西对比、关联的方式，提出一些新颖学术观点，让与会者大开眼界，真正感受历史学一片新天地的美丽与神奇。

29日下午，《历史教学》主编柳文全先生做了《〈历史教学〉与历史教学热点》的报告，特别明确了《历史教学》服务中学历史教学的宗旨。他详细介绍《历史教学》自1951年创刊以来60多年经历过的风风雨雨，对那些曾为《历史教学》做出贡献的史学家如雷海宗先生等表达了崇敬之情。柳文全先生一再说明，《历史教学》会不断关注历史学方面的热点问题，对有争议的历史问题欢迎大家共同参与讨论，力求所载文章对教学有帮助。2007年《历史教学》划分为中学版和高校版，就是为广大教师提供更广泛的平台，期待广大中学教师开展草根研究，积极撰文投稿。

28日晚上，在全国历史教师教育专业委员会副理事长、江苏省教授级高级教师、江苏省特级教师、扬州市名师工作室主持人王雄的主持下，学术沙龙在充分民主的气氛中有慷慨陈词，有激烈争锋。虽正为寒冷冬季，但专家们对历史教育梦想的高度热情和对历史课堂的积极参与，却如夏天般充满着

阳光与朝气。

二、精英新秀争奇斗艳，专家学者精彩点评

围绕"聚焦中学历史课堂教学"这一主题，与会人员深入中学历史课堂第一线，前往四川师范大学附属实验第一中学、四川师范大学附中观摩四川师范大学附属实验第一中学老师高增平、成都七中育才学校叶德元老师和全国高中历史教学设计一等奖获得者高月新老师、秦方红老师的历史课堂教学情况。叶德元老师课堂活泼清新，地方特色彰显出浓厚的感染力；高增平老师整合教材，突出近代教育沿革，课堂开放；高月新老师的课堂渗透出深沉厚重的历史感；秦方红老师长于课堂调控，能充分调动学生讨论。课后的专家点评高屋建瓴，点拨到位。天津师范大学教授陈光裕，重庆师范大学教授沈双一，江西师范大学教授李江，新疆师范大学教授王继平，深圳市教育科学院副院长、特级教师宾华，福州第八中学副校长、正高级教师骆志煌，江苏扬州中学教授级高级教师、特级教师王雄等进行了简明扼要、深入浅出的专业点评，使与会人员受益匪浅。为期2天的学术年会至此画上了圆满的句点，并将对我国历史教师教育的发展和基础教育历史课程改革向纵深推进有着重要的引领、示范作用。

反思篇

教育需要理想，教育需要理性，教育需要智慧。兰州市历史名师工作室——施泽玉名师工作室团队集体出行学习，和全国一流的历史教育教学专家零距离接触，接受学术盛宴的洗礼，刺激颇多，受益匪浅，工作室成员有着各自不同的感慨。

博古通今兴味盎然

刘军民

四川大学历史文化学院院长、博物馆馆长、考古学著名教授霍巍的演讲《考古学的昨天、今天与明天》深入浅出，使得对考古学不太了解的我们对这门科学有了一些基本的了解。原来，考古学对历史学科真是太重要了，是历史学科存在和发展的重要支撑。考古学的进展，会直接影响到历史学科的重大结论。霍巍教授以四川三星堆文化遗址为例，其新的考古成果已经突破了历史学科一些既定的、人们早已熟悉的结论，发人深省。如三星堆出土的黄金权杖，和世界其他文明遗址出土的同类文物比较，可以看出世界各个文明之间的内在联系。看来，学习和研究历史从考古入手是一个不错的切入点。

像考古学这样的学问，一般是不好讲的，要么大家听不懂，要么不爱听，但是霍教授的讲课突破了这个难点，他讲得娓娓动听，大家也听得津津有味。为何效果这样好？首先是教授的真才实学，他对那些古今中外、方方面面的事情莫不信手拈来，恰到好处地予以讲解。还有，霍巍教授准备的最新考古成果图片内容丰富、形象直观，对于演讲起到了很好的辅助作用！

没有最好，只有更好

周 燕

在教师专业发展的过程中，教育实践能力提高的一个重要途径就是向同行学习，在听课、评课的过程中不断地思考、总结、进步。叶德元老师执教的四川地方教材《浓郁的民俗文化》一课令人耳目一新。

一段优美的四川风光短片带领学生进入课堂，整节课围绕一个"耍"字，介绍川茶、川剧、川菜和川景。在教师引领下，学生展示了自己对家乡的认知，又通过参与课堂活动——长嘴茶壶倒水、报菜名、川剧脸谱想象图等，既了解了家乡之美，又增强了对家乡之爱。整堂课笑声连连，惊喜不断。

在评课环节中，有教授尖锐地指出：只见"民俗"，不见"文化"，缺乏深度，应该给学生讲清楚"文化"的内涵，分析这种文化产生的原因。真是一石激起千层浪，该观点引发参会者激烈的讨论。

我从自己的角度来看，叶老师的课近乎完美。首先，他突出了地方校本课程以情感的渗透为主，加深了学生对家乡文化的自豪和热爱之情。其次，该课以"耍"为主线，形散而神不散，耍出了精彩，耍出了体系，可谓"步步惊心"，又引人入胜。最后，针对授课对象——七年级学生虽然没有刻意设计对"文化"的解释说明，但是其中对年画的介绍、盖碗不同摆放含义的解释、茶馆的社会功能的说明，让学生在细节中感受文化，正所谓"此时无声胜有声"。

研修篇——与时俱进汲取思想精华

教学方法"没有最好，只有更好"，关键在于是否实现了有效教学，完成了三维目标。每个教师都可以挖掘出自己的潜能，形成独特的教学风格，针对不同的教学内容，时而睿智，时而激昂，真正做到"长袖善舞"！

恰当使用史料让历史说话

马建虎

高月新老师的《美国联邦政府的建立》教学设计中，将这一课的主题重新定名为《民主的实现》，首先他以美国名称的英文意思进行导入，揭示"联邦"的内在含义，很快就吸引了学生的注意力。课文讲解中，他以"民主的基因""民主的尝试""民主的基石"和"民主的智慧"为知识主线，将美国的民主政治制度以历史追问的方式层层展开，各部分内容环环相扣，过渡自然。在"反思美国制宪过程"一目中，高老师总结："妥协是一种智慧，制衡是一门艺术，弹性是一种活力。"非常出彩，整个课堂的设计如一颗颗智慧的宝石联结而成的华丽项链。

但在课例研讨的过程中，来自全国的专家学者们却不留情面，严谨的作风和直书直言的性格充分体现出来。他们一方面肯定高老师的精彩展示，却也直言不讳地指出美中不足的地方，诸如"整个课堂有老师、无学生""学生讨论不够""讲解的难易程度一定要注意学生学情"。其中最核心的问题是高老师材料使用过多，材料的坡度性不强，细心的老师数到高老师共使用了近二十个材料，于是便出现了一个小小的争论焦点：如何在课堂中恰当地使用材料。

对这一问题，我的看法是：一、课堂上一定要控制材料的量和难度，不是越多越好；二、材料的利用要多样化，如文字、图片、实物、数据等；三、选材要严谨，引之有据，虚假材料会对学生产生误导；四、所选材料应具有典型性，好的材料应当或能渲染气氛，激发学生学习兴趣，或有利于阐释课本内容，或有助于延伸知识的广度和深度。

亮出你的观点，交流我们的思想

王明玉

如何上好一堂历史课，如何对一堂历史课进行评价，是每一位历史老师每天都会思考的问题。学术沙龙上，来自全国各高等师范院校的教授、专家以及中学历史教师对四节课进行了积极的评价，评课环节热烈紧张、气氛高涨。客观地说，我认为他们所展示的这四节全国教学汇报课基本无可挑剔，是值得我们学习的四节课。但是在专家们的评课中，他们的课堂教学似乎黯然失色，或可说遍体鳞伤。这不禁让我的困惑进一步加深。我在学术沙龙上向大会提出了我的问题："到底怎样的一堂课才算是好的历史课？"我的发言得到了很多中学历史教师的一致认同。很可惜，我的问题也没有得到与会专家的深层次解答，至今存留。

我觉得这是一个见仁见智的问题。在评课中，专家们大多认为，一堂好的历史课应该符合以下一些标准：课堂教学符合课标要求；学生积极参与课堂教学，要体现学生的主体性；设计新颖；语言要规范等。我个人不反对这些标准，这也是我在教学中一直努力做的事情。但是，大家似乎忽略了一个事实：我们教学的对象——学生，他们的感受如何？我们只是拿同一把尺子来衡量所有的老师，但我们也主观地代替了学生对历史课堂教学的评价，课堂教学评价不能少了学生评价这个关键环节。除了基本符合以上专家们提出的标准外，我认为评价一堂好的历史课的落脚点应该回归到学生：学生听懂了没有？学生掌握了多少？这节课对学生的帮助有多少？学生的成绩最终提升了多少？如果这些方面都达不到学生的要求，那么这节课再符合课标要求，再设计新颖，再花哨热闹，也岂不是流于形式？我认为，课堂教学和教学评价应该从学生中来，到学生中去，真正体现新课程改革的内涵和本质要求。

登山则情满于山
刘 静

叶德元老师教学思想新颖，语言幽默风趣，贴近学生，教学设计大胆灵活，有自己的独到之处，对课堂有非常强的驾驭能力，能够将自己与学生融为一体，做到师生互动、生生互动，值得钦佩！我被他对历史的热爱以及他全身心地投入课堂而折服，这是非常值得我学习的。

叶老师的乡土课贴近生活，讲了大量的本土文化内容，如四川的旅游景点、四川的美食、四川的茶、四川的川剧等。乡土历史就是我们身边的历史，是学生最为熟悉，距离最近的历史。乡土史，就会让遥远的、全国的历

史变成学生所在家乡的、自己周围的、看得到的、摸得着的、活生生的事件，可以缩短学生认识水平与遥远历史事实之间的距离，化难为易，让空洞的历史知识变得真实而生动，从而使历史课变得趣味盎然。同时，通过学生对地方史的学习，可以增强对课本相关知识的理解、掌握。另一方面，学生由地方史学习中产生的浓厚兴趣，可逐渐迁移到整个历史学科。这对学生学习历史学科的积极性和主动性的养成，为历史课堂教学质量的提高创造了必要的前提。学生在最为熟悉的乡土历史人文的熏陶下，容易产生历史情结，激发起他们对家乡人文的热爱、对祖国的热爱，领悟到历史学科的无穷魅力，从而对学习历史产生浓厚的兴趣，投入更多的热情。鉴于甘肃丰富的历史文化资源，我根据课堂教学内容，有计划、有目的地给学生适当穿插讲授一些家乡历史上的重大历史事件、重要人物和历史沿革。这是一个信息超速发达的时代，是一个快节奏的时代，一日千里、日新月异、万象更新、与时俱进是这个时代的最恰当的标签。世界上唯一不变的，就是一切都在变。应对不确定的最好办法，就是终身学习、终身发展、终身适应。知识量的激增，教育手段的信息化，无不在对教师提出新的挑战，也提出新的要求，我们习以为常的、陈旧的教育教学方式已经不能满足学生的需要，教师自身的专业成长势在必行，专家引领、高层次培训是教师专业成长积极有效的重要方式。

兰州市施泽玉首席专家工作室（兰州市高中历史施泽玉名师工作室2019年4月升级为兰州市首席专家工作室）是一个优秀的团队，从2011年启动开始，在兰州市高中历史教育中有一定的引领和辐射作用。为了保证工作室团队的发展，兰州市首席名师施泽玉组织成员多次参加"全国历史教师教育专业委员会"学术会议培训以及中史参主办的历史教育全国学术研讨会。我们近距离地聆听中国历史教育界的大咖们如赵亚夫、霍巍、姬秉新、陈晓律、张海鹏、任鹏杰的讲座，也领略了全国各地历史名师如陕西名师郭富斌、江苏名师束鹏芳和李月琴、安徽名师何劲松、成都名师陈子斌、上海名师李惠军的风采。一场场报告和讲座带给我们强烈的情绪感染和深刻的理念引领，进一步了解和掌握新课改的发展方向和目标，感悟到教师的使命感与素质提高的紧迫性。在培训学习中获得对职业价值的理解、对职业幸福的感悟，感受到专家引领对教师成长的意义。更重要的是，在一次次的感悟中让我们懂得了课堂不再是简单的知识传递和技艺习得，而是应该有更多的人文气息，使我们的课堂多一些智慧和灵动，让教育真正成为人格心灵的唤醒者。我们也认识到，作为一名教师，在职业发展中欠缺的东西太多了。

"传道，授业，解惑"始终是教育工作者的初心，是历史赋予教师的神圣使命。教师的成长是学生成长前提，教师的发展是学生发展的前提。名师工作室提升品位的前提是拥有一个有情怀、有担当、高素质的教师团队，而成员们的成长离不开专业的学习培训。

注：2013年兰州市高中历史名师工作室参加全国历史教师教育专业委员会第五届学术年会学习纪实

因教育情怀而相遇，为教育理想而同行

——参加"兰州市名师名班主任苏州高端研修班"有感

永登县第一中学　施泽玉

相遇苏州

2016年11月，我随兰州市名师名班主任高端研修班去美丽的姑苏城，参加人民教育出版社承办的第一期研修活动，实属有幸。本次研修活动名师荟萃、大家云集，一起围绕"核心素养与'三名人才'工作室建议"的主题展开了充实、有序、精彩的学术研讨。正如苏州十中柳袁照校长的一段小诗中所说："我知道/从这个时刻开始/从我在这个院子里/遇上你开始/从这个早晨开始/从这个春天开始/是我幸福的开始。"

面对当今社会的道德困境，我一直思考着一个问题：教师的精神底气究竟从哪里来？与兰州的一百多位名师、名班主任相遇苏州，与朱永新、任友群、黄四林、程红兵、项春雷、刘红、黄厚江、杨瑞清、李虞南、高敏、王开东、柳袁照、张金、祁建新等教育名家相遇苏州，一个答案越来越清晰：教师的精神底气就是根植于每位名师名家心灵深处对教育的热情与执着、坚守与创新，就是对教育产生的一种心灵状态、达到的一种心灵境界，就是深深的教育情怀！

正是这份教育情怀，一批思想家相遇苏州，用他们的思想去感染和激发更多的人；一批实验者相遇苏州，用他们的实践去影响和唤醒更多的学校。历史的回音在这里回旋，未来的渴望从这里开始。

前方的光亮源于心中的梦想

杨瑞清，一个普通的师范生，他的梦想是"征集一批志同道合的志愿兵，到偏僻的地方去自己办一所学校，取名为行知小学，用陶行知先生的教育思想为农民办一所真正的好学校"。1981年，他带着陶行知教育思想的梦想来到长江北岸江浦县建设乡五里小学，从一年级行知实验班开始，走村串户家访，动员女生上学，坚守乡村，放弃进城和从政的机会。4年后，他所在的学校命名为行知小学，杨瑞清校长看到了希望，也认识到"只有让成长的速度远远大于流动的速度，乡村小学才能有一支好的队伍"。于是与他的团队一起，勤于读书，积极实践，立足做良师，力争做名师。

杨瑞清一直在践行教学做合一。10年后，行知教育基地建成，将茶园、稻田、棉田作为活动基地，给农民发辅导员费，让学生尝试割麦子、插秧、与农民交谈。20年后，杨瑞清将原来只有12间破旧教室、7位教师、100多个学生的村级乡村小学办成了拥有班级24个、学生1000多人、固定资产1600多万元的省级实验小学、全国知名的农村模范小学、行知基地，8万多名南京市的学生和数百名国外孩子专程到这里来了解农村科技发展，体验乡村生活。

只要心中有梦，脚下就会有路。只要迈开脚步，坚守正道，坚持走下去，就会实现梦想。

爱是教育情怀的魂魄

李庾南的名字并不陌生，是在不同的培训场合听主讲教师讲到的："从教近60年，坚守教学一线，坚守班主任岗位，'连续任职时间最长的班主任'上海大世界基尼斯纪录。"听讲的当时被感动，但时间长了感动也就慢慢消退了。当那天见到李庾南老师本人的时候，我的内心深深地被震撼了，她平静的笑脸上露出不泯的活力，慈祥的双眼中闪动着对教育的热爱。她充满激情地讲到自己1957年走上南京市启秀中学的讲台，60年来一直教课，一直做班主任，一直研究着一个课题，使学生要学、爱学、会学、乐学、学会，这一字字、一句句都包含着李老师对课堂的钟爱、对学生的挚爱。

朱自清先生曾说："教育上的水是什么？就是情，就是爱。教育没有了情爱，就成了无水的池。"教育需要爱，爱是教育情怀的魂魄！

教育情怀就是给我们提供不竭动力的源泉！

年富力强的我们还有理由倦怠吗？我打心底里地佩服李老师的精神与治教、治学的态度。感谢李老师，用自己的言行烧旺了我们的职业追求之火，我也为兰州的名师名班主任鼓劲，"要在锻造自己的基础上引领他人，又要在引领他人的同时提升自我"，带着教育情怀当老师，享受教育幸福。

今天的习惯成就明天的幸福

"过一种幸福完整的教育生活"是朱永新教授新教育的理想目标，"幸福"是目标，"完整"是教育体验的过程，"习惯"就像人们心灵深处的发动机，新教育就是通过习惯的培养，感受教育体验的过程，追求内心世界的改变。

朱教授认为，养成习惯"就是帮助人们建立起一套具有意义的、自动运转的系统，从而整理、规划、巩固、提升生活与生命，使世界变得清晰，使生活变得有序，使生命变得和谐，让人由混沌走向澄明，让个性由蜷缩变为舒展"，最终实现幸福的终极目标。

培根说："习惯是人的第二天性。"既可以被人改写，反过来又改写着人生。朱教授每天坚持读书、坚持写作、坚持锻炼就是一个见证，他认为50年时间里比平常人多出12.5年，他的习惯创造了幸福完整的人生。

在培养学生的习惯上，朱教授实验"12习纲36习目"，条理清晰、主题鲜明，覆盖了学生的家庭和学校生活，适合学生的身心发展规律。坚持培养，习惯就会在身边的小事中悄然养成，人格就会在习惯的养成中逐步发展，生活就会在人格发展中幸福完整。

我们的名师名班主任团队何尝不是如此呢？确立一个周期内清晰的研修与培养目标，通过工作室成员自我修炼、工作室环境养成等途径，让阅读与写作、教学与研究、交流与分享成为工作室成员的一种习惯，让名师工作室成为教师习惯培养的共同体，成为教师"过一种幸福完整的教育生活"的助推器。

（2016年参加"兰州市名师名班主任苏州高端研修班"）

永担时代使命，做历史教育的践行者

——参加中学历史教育研讨会有感

甘肃省兰州新区舟曲中学　杨　超

2019年7月16日至7月18日，在施泽玉老师的带领下，我们一行11人参加了由陕西师范大学基础教育研究院主办，江苏省、苏州市、吴江区三级教育行政部门在吴江协办，以"担当时代使命探索教育智慧"为主题的中学历史教育全国学术研讨会。

会议第一天，南京大学教授、博士生导师陈晓律，复旦大学章清教授和陕西省正高级、特级教师郭富斌三位历史教育研究专家分别为与会者带来了《十六世纪以来世界大国发展的历史轨迹》《理解史学的几个关键词——兼论如何培养学生的历史学科核心素养》《历史教育与历史判断力》三场精彩纷呈的专家主题学术报告。陈教授的报告带领我们探寻了葡萄牙、西班牙、荷兰、英国、法国、德国、俄国、美国和日本9个大国崛起的"绝活和亮点"，细微处时时启发听众对中国和中华民族伟大复兴之路的价值探寻和深沉思索。章教授的报告则从柯文的《历史三调：作为事件、经历和神话的义和团》引入"历史学家笔下的历史""亲历者的历史""作为神话的历史"三个史学本体研究的关键词，围绕唯物史观、时空观念、史料实证、历史解释、家国情怀五大核心素养融汇古今中外史家对史学本体研究成果廓清史学认识中的种种误区，呼唤历史教师强调对真实历史的考据和实证，捍卫史学作为知识和专业的神圣庄严。"国可亡，史不可灭。""一个国家、一个民族不但必须有独立的领土，还必须有历史。"陕西省西安中学郭富斌老师的报告依据一线教师历史判断力的培养，分追根溯源、跨界视野等角度，结合

新课程带来的变化，分享了他独到深刻的真知灼见。郭老师渊博的知识令人肃然起敬，这可能就是中学历史教师该有的样子。

会议第二天，南京外国语学校唐园园以及全国知名历史特级教师李惠军从不同角度同台献课。青年初中教师唐园园的《书载千秋——触摸身边的历史》从瓦当这一历史文物入手，通过精心设计"教材中的瓦当""博物馆中的瓦当""尝试画一画瓦当"三个环节，拉近学生与历史的距离，将一段段封存的历史在课堂中还原，使历史变得可触可摸，妙趣横生。唐老师精心创设了历史课与美术课的融合环节，给参会老师很多启发。但一节历史课由历史教师和美术教师同时来上，是否具有可操作性和示范性，我却不敢苟同。李惠军老师勇于挑战课堂理论高度的《读懂马克思》示范课则从"应运初生：1840年的诞生"（伟大理论）、"乘势发生：历史实践的足印"（伟大实践）、"顺势更生：思想创新的回音"（伟大现实）、"来世方生：人类思想的高山"（个人感慨）四个方面层层递进地向伟大导师致敬。真正读懂马克思、真正读懂马克思原典、真正读懂马克思主义、如何捍卫马克思主义真理，这是六十五岁永葆历史教学活力与激情的李惠军老师留给与会老师无穷无尽的感触与思考。

会议第三天，大会精心安排的"历史教育研究选题创意与书面表达""基于历史教育的课程、教材与课堂""历史教育使命与师生学科素养提升""学科核心素养与中考高考创新研究"四场专题学术论坛分别在四个地点继续进行。由陈辉主持的第一论坛围绕"历史教育研究选题创意与书面表达"，丁林兴、王必闩、李爱笃、张华中四位一线教学专家结合自己专业写作与成长经验，集中阐述了选题与表达的独到技巧。由李月琴和张汉林主持的第二论坛聚焦"研讨基于历史教育的课程、教材与课堂"主题，进行了专家主讲和自由发言。五位专家代表在论坛上交流了他们的学术思想和教育智慧。李付堂提出了他"对新高考背景下的新思考"，楼卫琴呈现了她对"批判性思维"的新研究，夏辉辉展示了"口述历史"的独特魅力，陈洪义带来了"情思教育"的智慧洞见，赵剑锋则从微观的角度表达了他对"如何打通课程、教材和课堂"的操作路径等。

这次盛会启发着我时刻不忘教育教学初心，以智慧行动勇于担当、实践新时代历史教育的使命，坚持行动，持之以恒，做一名有时代担当的历史教师。

注：2019年于江苏吴江参加《中史参》编辑部主办的"担当时代使命，探索教育智慧"全国学术研讨会。

研修篇——与时俱进汲取思想精华

热忱与温度：历史教育的两个指向标

——2019年夏苏州中教参年会之旅有所思

甘肃省兰州新区舟曲中学　廖锦春

有幸参加2019年中教参年会，我与苏州重逢，有一股久违的冲动与热情喷涌而出，在心底激荡不休。火车一路颠簸，来去4000多公里的行程，像是奔赴一场美好的约会，我尽兴而归。很感谢在这个时候，遇见这么一群人，只言片语的智慧，如警钟乍鸣。我渐渐领悟到，孤单的心灵会迷失方向，我们需要交流，用眼睛去看，用心去聆听。

心怀热忱，做有情怀的教师

从教刚刚5年，并不算很久。但是，我已经慢慢地有了厌倦的感觉。不想去重复一个又一个细节的知识点，不想盯着一分或几分的分差苛求学生，更不想一次又一次地踏上讲台却期待着下课铃声。我知道自己怎么了，日复一日的工作如同机械般运转，我失去对于讲台的期待和热情，也失去了教书育人的快乐。

幸而遇见了他们，让我重新开始思考这一份工作对于我的意义。

复旦大学章清教授做了一个讲座，题目是《理解史学的几个关键词——兼论如何培养学生的历史学科素养》。章老师的讲解极具学院风格，着重阐述了历史、历史学的核心特征及历史学家的素养要求等内容。福柯、雅斯贝斯、科林伍德、兰克、章学诚等，这些人重新走入了我的视野。

"历史仿佛给人们提供着关于'故乡'的回忆，正所谓'君从故乡来，应知故乡事'。……所谓历史，即是通过各种方式延续的记忆，亦即是通过史学研究保存下的文物、文献等，以及所阐述的对过去的看法。"章老师综合诸家意见，给出了历史的定义。很熟悉的话语，让我重温旧梦，像是回到了大学课堂。曾几何时，老师们总是引领我们去理解什么是历史。有一个老师关于历史的定义曾经温暖了我年少的心灵，他将历史描述为"悠悠岁月之如烟往事"。很美的形容，那些业以如流水般逝去的时光和被时光掩埋的人、事，总是引起我们的遐思，以及探究的欲望。历史在曾经的记忆中，是可触可感的，也是可以亲近的，而我却渐渐淡忘了这种感觉。

"历史学是一种研究或探讨……历史学要弄明白的是哪一类事物呢？答案是活动事迹，即人类在过去的所作所为……历史学是通过对证据的解释而进行的。"科林伍德试图告诉我们历史学的定义、对象和活动内容，而我们正在从事的是这样的历史教育吗？不是，故人往事逐渐被历史课堂抛弃。我从中意识到，历史学关注的核心是人与事，过去的、现在的或从过去到现在的，寻踪溯源是我们的本职工作，多一种思路的历史解释以供人们参考，但不是结论。或许，历史学里很难有定论，重点是不同时空下人们思维的流动。"历史学家需要培养起想象力、理解力和批判力。"由此可见，历史教育应该是启发人以想象、思考的。关注自身思维的品质，营造人们思考的氛围，对于时代的发展始终保持着敏锐而深刻的洞察反省，是历史学者始终不变的追求。

所以，历史是什么？历史学研究的使命是什么？历史学者的理想彼岸在哪里？哪怕我只是一名中学教师，这些问题也应该坚持去探索思考。因为，在持续不变的叩问中，饱含的是一个历史学工作者对于历史的热忱与钟爱，是灵魂的坚持与修炼。

陕西西安中学的郭富斌老师主要谈及了"历史教育与历史判断力"。郭老师以其博学多闻折服了在座诸多人，更重要的是其对于历史研究及教育意义的深度思考。

追根溯源的过程中，我们了解了爱国教育与学科教育的冲突，意识到家国情怀与民族认同是历史教育的最终指向。历史研究及教育难以绝对客观，我们需要"引导学生学会将在课堂上学到的知识进行'相对化'的理解"。"所谓历史教育的客观性，说到底就是这种'主观内容的相对化'。"历史学工作者在其成长的过程中，已渐渐形成一种习惯性认知，经由胜利者书

写的历史是需要批判性认知的，而历史研究和教育常常需要去"意识形态化"。换言之，我们想要回到历史的本真状态中去，必须坚持着学科教育的要求。事实上，站在这个立场上进行高中历史教育是极为困难的，我们不可能将大学课堂搬到高中来。所以，我想要站在理解的角度上去讲解历史教材，理解其编纂逻辑和编写立场。以家国情怀为指标，很多分歧是可以消融的。我们可以有更多的材料，更多的批判性意见，目的在于理解这个民族的历史，更加喜爱和维护这个日益强大的国家。

跨界视野有助于历史理解以及判断，这是一个很好的启发。学院派的老师注重正史，更多地是从专业性材料出发来解读历史，缺少对文学性或更多材料的理解。历史变迁中的故人往事，不仅仅书写在史家笔下，其存在方式千千万万种，敏感的心灵总有其特定的表达方式。很多问题可能有无数人思考过，并试图用自己的方式表达其思想，只是被我们忽略了。金庸笔下的江湖庙堂，有他对历史的感触；曹雪芹笔下的红楼梦记，有他身处其中的迷思。也许是一幅画、一首诗，也许是政治、经济、思想史，如果着意去了解，这些皆可融会贯通，成为历史研究的材料，也可开拓我们的视野，让我们更多地理解这个民族的历史，更好地判断是非成败与意义价值，深思而近趋之。

历史研究及教育的意义是什么？诸般意见皆是正解，难得的是对家国命运的深切关注。唯怀有深切的热爱，才能保持对历史长久的思考和审问。我们不是为历史而书写、解读甚至传播历史，我们是想为中国人留下些智慧的反思，为世界留下中国人的历史思考，而这一切将被一代又一代的青年所接受并传递下去，水波涌积成大海。

心怀对历史研究的热忱，对家国天下的热爱，做一个有情怀的历史教师。我找到自己与前辈的差距，找到了失落的心境，原来在此。

有趣有思，创有温度的课堂

很难想象，一个有温度的历史课堂是什么样子的，甚至在此之前，我从未产生过这样明确的概念，会这样去想象。习惯了的历史课堂，就像每个人心中的那个它一样，平乏无味又不可舍弃，不过"鸡肋"二字。历史教师或许有点儿不一样的感受，讲台上口若悬河的自己，颇有指点江山的痛快与激扬，可痛快是我们的，学生游离在外，于是恨铁不成钢。扪心自问：你喜欢自己的课堂吗？

跳出舒适圈之外，重新去审视历史课堂，我的理想是创建"有温度的课堂"。何为有温度的课堂呢？一方面教师自己是欣赏且喜欢的，有热情去完成自己的课堂教学；另一方面能够带领学生去陶醉、享受这四十分钟的快乐。我想，师与生在共同空间里有着情绪、情感或思想的盘旋交汇，就是一件很美妙的事情，温度自在其中矣。

灵感萌发自两位前辈的讲座，他们是吴磊老师和李惠军老师。

吴磊老师讲座的题目是《想"趣"就去——我的特区教育之路》。非常有意思的是，她对"趣"的解释，叫行走中取舍，简简单单的一个字，背后隐藏着人们对于生活的态度。人生是由不断取舍选择构成的，我们的课堂也是如此。教师对于课堂的定位决定了一节课的风格，或者是这个教师教学的风格，可能是一个活动、一份作业或者是一节复习课，开发出多种多样的学习方式，课堂就活泼有趣起来。

吴老师有一些值得借鉴的做法，以供参考：课后作业可以考虑以历史漫画的方式书写，开展历史文物制作、编写三代家谱、历史大观园展示、原创历史剧大赛等活动，以配合课堂教学内容，深化学生对于历史的理解与感知。这是一种很放松的学习方式，亲手去触摸、感受甚至书写历史，故人、旧物、往事不就活起来了吗？难得的是这一种在玩耍中学习的态度，真是一个有趣而大胆的尝试。

有趣的课堂就是有温度的课堂。这种轻松活泼的课堂氛围是师生共同构建的，你与我、他和她，因为同一个活动、同一个事件产生了诸如兴奋、开心或欣赏的心情，又互相感染开来，形成一个独特而和谐的情绪场，构成了一节课的温度。这样的师生互动交流共情共感，相信是令很多人难忘的历史课堂。也许我们不能够每节课都这样，但是在适当的时候，用这样的课堂启发学生对于历史学习的兴趣，是很好的。

李惠军老师上了一节示范课，课题是《读懂马克思，时空的对话》，重点讲述了马克思主义的诞生、实践及创新发展。苏州地区使用的是人教版教材，所以这一课讲解的应是人教版必修一第18课的内容。李老师有一些问题引起了我的注意：马克思主义过时了吗？当代的青年人是否看低马克思主义

研修篇——与时俱进汲取思想精华

的价值和意义呢？由此来讲，这节课的立意和关怀是非常明确的，教师试图引导学生了解马克思主义的深刻内涵与普世价值。同样可知，本节课是建立在有所思的基础上的。

有所思，所思在远道。李老师的课堂中充满了对于这个时代与国家命运的关怀。我们再次略过教材知识内容，来看看那些精心增加进来的部分。在巴黎公社的实践与马克思主义中国化的对比中，我们试图理解理想与现实的关系，我们更能明白理论的更新与发展。在历史发展的动力探讨中，出现了几条材料："历史的发源地不是在天上的云雾中，而是在尘世的粗糙的物质生产中。""历史的决定因素归根到底是现实的生产和再生产……如果有人加以歪曲，说经济因素是唯一的决定性因素，那他就是把这个命题变成毫无内容、抽象、荒诞无稽的问题。""历史是这样创造的——最终结果是从许多单个的意志相互冲突中产生出来。"在此，我们看到了相互映射、语义完整的表述，因而了解了断章取义的可怕。

这就是我所听到的一节课，它让我逐步地接近了马克思。我开始知道，那些刻板的理论主张不是真正的马克思主义，他的思想充满了辩证色彩，也留下了足够的发展空间；没有读过《资本论》及马恩著作的我们并不是真正懂得马克思，我们的认知世界距离他的思想还很远很远，高山仰止，吾辈仍需要努力去挖掘、理解他的灵魂。由此，我不会再那么武断、褊狭地看待历史人物与事件，而逐渐尝试理性地看待，让故人往事回归到历史的场域中，持现实关怀的立场，报以同情之理解。

这样的历史课堂不也是有温度的吗？思维的碰撞中有理性的火花，也有情感的交融。我想，当课堂上每一颗头脑在高速运转的时候，其灵魂的温度也在节节攀升，这将生成一个有创造力的课堂，夫复何求！

有趣有思，历史教学过程中的诸般探索，不过求一有温度的课堂，以飨众生。

志在远方，走出我自己的路

在这趟苏州之旅中，我听到了许多人讲的许多话，总有那么一些话引人浮想联翩，徒生兴奋之感。也有一些言语引人深思，为迷茫的人指明方向。就让我以只言片语的感受总结吧，谢谢诸位前辈的指教。

"家国情怀首先是一股浓浓的乡愁"，故土、故人、故事存在的意义忽然清晰了起来；"无用之用，是为大用"，功利的价值取向已然渗入了我们生活的方方面面，该拂拭下灵魂沾染的尘埃了；"历史要严谨，但不要冷漠，要让自己动情"，只有自己动情了，才能领着学生入情尽兴、知冷知热。

天地至大至广，吾身渺如一粟。以有涯之人生，追思无穷之天地万物，当是我辈的勇气。而时光终会给寻梦者一个答案，或踩踏出月光下一条小路。

注：2019年江苏吴江参加《中史参》编辑部主办的"担当时代使命，探索教育智慧"全国学术研讨会。

研修篇——与时俱进汲取思想精华

苔花如米小，也学牡丹开

——《中史参》创刊40周年暨历史教育全国学术研讨会培训心得

兰州新区舟曲中学　李炎

清代诗人袁枚在《苔》中写道："白日不到处，青春恰自来。苔花如米小，也学牡丹开。"六年来，我像一朵小小的苔花，静悄悄地生长在兰州新区这片广袤而贫瘠的土地上。囿于地域的限制、资源的短缺、眼界的狭窄，我如一只"井底之蛙"，被动地在方寸之地匍匐前行。2019年7月14日，怀揣着紧跟教改步伐、不断突破改变的热情，我有幸与施泽玉历史名师工作室的同人从金城兰州来到苏州吴江，参加了在此举办的《中史参》创刊40周年暨历史教育全国学术研讨会，行程紧凑，收获颇丰。

遇见——四十年筚路蓝缕，追求大我的"《中史参》人"

2019年7月16日上午，陕西师范大学基础教育研究院、中学历史教学参考编辑部主办的"担当时代使命，探索教育智慧——《中学历史教学参考》创刊40周年纪念暨历史教育全国学术研讨会"在江苏省苏州市吴江区海悦花园大酒店隆重开幕。陕西师范大学基础教育研究院执行院长、《中学历史教学参考》主编任鹏杰主持开幕式。在开幕式中，他提到，教育是"大我"行为，办刊是"大我"行为，关乎对个人、社会和世界的引领，不可没良心，不可不担当。姑苏仲夏，骄阳似火。1000名嘉宾共聚一堂，1000颗心同频共振，目的正是为了追求历史教育的"大我"。

任鹏杰主编的这种"大我"情怀对像我这种初次参加千人盛会的"小苔

花"触动很深，这不由让我想到了《中学历史教学参考》的创始人史念海先生。他在近70年的学术生涯中，始终坚持"求真求实，为世所用"的原则，开了历史地理学文献考证与野外考察相结合的学术新风气。他的专著《中国的运河》《中国历史地理纲要》《中国古都和文化》《唐代历史地理研究》《河山集》等系列文集的内容，涉及学术领域广泛，尤其是对中国历史地理学研究做出了开拓性的卓越贡献。他不仅是著作等身的学者，而且是诲人不倦的"大先生"。他非常善于用博大的学者胸怀和朴实的工作作风勉励莘莘学子积极上进。"宁可劳而不获，不可不劳而获。以存此心，而后乃有事业可言。"这是陕西师范大学历史学专业历届学生在毕业时，史念海先生都要反复题写的赠言。胸怀天下，守望良知，厚爱生命，服务师生，造福人类，是史念海先生的伟大情怀和使命担当，也是后继《中史参》人始终不渝的情怀和担当。

四十年风雨兼程，四十载春华秋实。从史念海到任鹏杰，从"为他人做嫁衣"的编辑人到"恨不得四肋插刀"的大会承办方——唐琴历史名师工作室，正是他们恪守追求历史教育的"大我"情怀，才能披荆斩棘、发展壮大，才会在这条路上留下深刻着良心和担当的无数脚印，连着过去、现在、未来，通向无数的师生、无数的生命、无穷的远方。

聆听——守良知锲而不舍，无问西东的"《中史参》事"

《中史参》创刊已届40周年，她"不惑"之喜的取得，她有目共睹的成长、进步、发展，与背后"为他人做嫁衣"的编辑们、热心投稿的写作者密切相关。7月16日晚，有着曾经在《读者》杂志社担任文字编辑经历的我，感同身受地来到《中史参》创刊40周年纪念主题沙龙现场。这个主题沙龙没有白天主会场的严肃拘谨，来自高校和中学的李月琴、李惠军、成学江、齐健、闫璟、戴加平、张汉林、束鹏芳、郭富斌、唐琴、夏辉辉、吴磊等十几位专家名师围桌而坐，深情地回忆与《中史参》的结缘，表达了对《中史参》的感恩致敬之情。

《中史参》三位老编辑王育民、卢兴轩和张艳云也讲述了杂志创刊以来的筚路蓝缕、艰辛曲折和一路发展壮大的历史，以及不忘初心和使命的价值追求。从他们的讲述中，我感受到正是他们这种不为外界所惑、不为风险所

缚、善帮读者、提携老中青、穷也开心、富也开心、无问西东的真诚与奋斗，方能出现"有《中史参》的地方就有中学历史教师，有中学历史教师的地方就有《中史参》"的盛况。给我留下深刻印象的是，一口地道的陕北方言，被任鹏杰主编调侃连个"醋溜"普通话都不愿说的王育民先生。他虽是办刊门外汉，却独自一人承担起组稿、审稿、编辑、插图、校对、发行以及回答读者来信等所有工作，几乎每天都忙到凌晨一两点，每年过春节也是忙到腊月三十才回老家。他，不怕吃苦，敢玩命，体力脑力样样干。那时的期刊全是铅排，校对、定稿均在印刷厂完成。而印刷厂在外地，需要赶火车，到了厂里还要没黑没白忙几天，夜深了吃几口冷馍补充能量，实在撑不住了就在冷床上眯一会儿，吃苦成了家常便饭。他就是《中学历史教学参考》的首位专职主编，助推《中学历史教学参考》迅速走向发展壮大的关键人物。还有一位任鹏杰主编要"致敬的兄弟"卢兴轩，他是第二位专职编辑和全面主持《中史参》工作的副主编、编辑部主任。从他讲述的为了约稿而蹲点地下车库、为宣传杂志而到会场发放资料册、为推介资料而走街串巷等幕后故事，你可以看到一个不像文人而超越文人的光辉形象。后来他做了西北大学出版社副社长，再后来又做了规模不小的文化教育产业，成为造福一方、有口皆碑的"儒商"。众所周知，人的一生，最美好的时光莫过于青春年华，王育民和卢兴轩就把生命中最美好的青春时光献给了"为他人做嫁衣"的编辑事业！

听名师和编辑说故事讲历史，更拉近了我们与名师和杂志的距离，诚如夏辉辉老师对《中史参》的评价：平民性、亲民性和理想性。当晚三个多小时的畅谈和《中史参》工作人员忙前忙后的亲力亲为，让我深深地感受到了活动主办方和承办方的人文精神和情怀，感受到了有温度的教育！

感悟——担使命砥砺前行，探索智慧的"《中史参》魂"

整个研讨会贯穿的一个核心就是大会主题所倡导的"担当时代使命，探索教育智慧"。正如在大会的开幕式和闭幕式上，任鹏杰主编一再强调的要基于教育谈核心素养，要长时段地看课程改革，要"以生命为本"超越"以人为本"，教师任何时候都不要忘记了学生、忘记了"立德树人"的大目标，这在本次大会的两节课堂实例上得到了很好的体现。

情怀、学术、使命，是此次中史参苏州年会留给我最深刻的体会，本次年会令我开阔了眼界，增长了见识，拓宽了眼界。《论语》曰："见贤思齐焉。"作为一名年轻的历史教师，即便"苔花如米小，也学牡丹开"。正如夏辉辉教研员为我题写的"读史有担当"一样，只要我们不忘历史使命，坚守教育的价值和理想，相信一定会"道不远人"。

注：2019年于江苏吴江参加《中史参》编辑部主办的"担当时代使命，探索教育智慧"全国学术研讨会。

我看《透物见史——〈瓦当会说话〉》

甘肃省兰州民族中学　周　燕

作为基层一线教师，最盼望的就是交流学习，尤其是能够走出去，参加全国性的交流学习，聆听大师讲座，观摩课堂教学。我有幸在炎热的七月来到"热情"的苏州，随同施泽玉历史名师工作室的成员参加《中学历史教学参考》杂志社举办的"吴江年会"。本文试对年会的观摩课之——《瓦当会说话》谈谈自己的感想。

本节课的执教者是南京外国语学校的唐园园老师。在自评中，我听到她从教仅仅三年，先是震惊，再是敬佩，最后是感慨，五味杂陈！震惊于一个初出茅庐的小鲜肉有做全国性公开课的勇气，敬佩于设计思路的耳目一新，感慨于自己坐吃老本的怠惰。

今天再看唐老师的这节课，我觉得以下几个方面有待商榷：

第一，视频导入采用了纪录片《如果国宝会说话》的片段，让人如沐春风，直接代入历史情境，特别是片中的孩子与现场的学生年龄相仿，亲切感很强。但是片中介绍的主角是贾湖骨笛，和本课要认识的瓦当相去甚远。唐老师说设计的初衷是为了把学生带到瓦当墙面前，我觉得这样的引入过于牵强，是为了引入而引入，并没有突出主角、引发学生了解瓦当的兴趣，未能实现无缝对接，效果不尽如人意。

第二，新授课环节以课前调查问卷为依据设计，从对瓦当的认识开始，了解瓦当的作用、制作过程，解答平民的房子上是否有瓦当的疑问，再到了解不同历史时期瓦当上的花纹与字符，通过解读人面瓦当上的表情，揭示六朝时开始关注人的内心世界。由此切换到美术课堂，由美术老师引导学生模拟瓦当微表情，DIY瓦当表情图案。历史和美术的跨学科合作，让人耳目一新。学生在历史老师的引领下，认识瓦当，了解瓦当，欣赏瓦当之美，分析人面瓦当微表情，然后在美术老师的指导下，进一步深入细致观察瓦当上人物表情的细微变化，总结不同表情中五官的线性变化，最后让学生创作人面瓦当图案，整个课堂学生的参与度比较高。但是仔细回味，就会发现学生在两位老师的引导下，仅仅粗浅地了解了瓦当是什么，印象最深的是人面瓦当，但是这些瓦当到底想要"诉说"一段什么样的历史呢？相信课堂中的学生没有学清楚，现场听课的老师怕也是一头雾水。

一节理想的课应该紧紧围绕主题展开。本课的主题设为"透物见史"，那它有没有真的像老师刚开始设计的那样，透过瓦当看到它背后的历史呢？引用成学江老师评课时提出的，一节好课应该有两个标准，一是有效，二是有魂。以我的理解，所谓的"魂"应该就是课程的主旨，这个主旨应该贯穿在整个课程的始终。那么这节课就应该通过瓦当上的图案信息，了解瓦当背后的历史。尽管两位年轻的美女老师活力四射、激情满满，但是直到课堂结束，我们始终未能听到瓦当到底说了什么，透过瓦当我们又见到了什么。

第三，跨学科的课堂整合值得肯定，尤其是文史、史地学科的整合。这节课打破常规，把历史和美术课整合在一起，提高了学生的参与度，目的大概在于激发学生的创作热情。但是仅从这节课的内容而言，我认为美术老师的上场非但没有起到画龙点睛的作用，甚至有画蛇添足之嫌。整节课给大家留下最深刻的印象，不是瓦当背后的历史，而是人面瓦当上人物的表情符号。跨学科的整合之后，本课的主题已经被远远甩开了。

正如唐老师在课堂总结时所说："数以千计的文物沟通过去与我们的姓氏，历史也因此可触可感，了解文物背后的故事，成为传统文化的继承人。"但是在学习完本课之后，学生是不是真正了解了瓦当背后的故事呢？如果没有，那么是否可以说这是一节失败的课呢？那么本课恰当的主题又应该如何设定呢？这些问题都值得商榷。

一堂公开课的准备过程，不仅是复杂的脑力活动，同时还是一场辛苦的体力活动。备一次公开课，从教学的设计、课件的制作，到最后课堂的呈现，说呕心沥血绝不为过，相信每一位一线教师都有着深刻的体会。而正是有了这样一次又一次的历练和探索，才能走向我们期望的"完美"。

研修篇——与时俱进汲取思想精华

在此，向所有"战斗"在课堂一线的教师致敬，向勇于探索的同行致敬！反思不到之处，敬请批评指正为盼！

注：2019年于江苏吴江参加《中史参》编辑部主办的"担当时代使命，探索教育智慧"全国学术研讨会。

乱花迷人，余音绕梁

永登县第一中学　苗红琴

2019年7月15日，我有幸在苏州参加《中史参》主办的《担当时代使命，探索教育智慧》历史教育全国学术研讨会，会议安排有序、节奏紧凑、内容丰富、观点鲜明，两天的听讲、学习、探讨和交流，让我收获满满，感慨颇多。

宾至如归的服务体贴暖心。在海悦花园大酒店前厅，欢迎指示牌和会议报到流程牌就竖在最显眼的地方。没看到或看不明白也没关系，有一群亭亭玉立、面带微笑、身着橘黄色衣服的"唐秦人"，唐秦工作室的工作人员会耐心细致地解答每一个问题。客房宽敞、明亮、干净、舒适，酒店的餐饮品种多样、营养丰富，会议良好的后勤保障使外出学习格外轻松、愉悦。

精彩纷呈的报告催人奋进。本次学术研讨大咖云集，群英荟萃，精彩纷呈，令人受益匪浅。南京大学陈晓律教授题为《十六世纪以来世界大国发展的历史轨迹》的学术报告，简明扼要地梳理了葡萄牙、西班牙、荷兰、英国、法国、德国、俄国、美国和日本9个国家近代以来崛起的条件和特点，让我全方位了解世界大国发展的背景和过程，认识到每一个大国的发展不是偶然的，"都必须有自己的绝活或亮点"，引人入胜。复旦大学历史学章清教授题为《理解史学的几个关键词——兼论如何培养学生的历史学科核心素养》的学术报告，其中的"历史学：阐述证据的一门学问""历史学家：想象力、理解力与批判力"对我今后的教学有很大的指导作用。郭富斌老师题为《历史教育与历史判断力》的学术报告激情四溢、风趣幽默，诠释了历史教育的判断力需要批判思维、追根溯源、学术积淀、尊重史实、跨界视野、价值引领，给我很多启发。尤其是随着年龄的增长，我在知识更新和接受速

研修篇——与时俱进汲取思想精华

度变慢的状况下，更感受到了一种无形压力和紧迫感。南京外国语学校唐园园老师题为《书载千秋——触摸身边的历史》的学术报告，其创新精神让我看到了历史课堂中蕴含的勃勃生机。她和郝世奇老师合作，将美术课代入历史课堂，别开生面。全国知名历史教师、上海特级教师李惠军题为《读懂马克思》的学术报告，从应运初生——1840年的诞生、乘势发生——历史实践的足印、顺时更生——思想创新的回音、来世方生——人类思想的高山四个方面去解读马克思，史料丰富，语言生动，脉络清晰，浅显易懂，让我深深地感受到李老师思想的深度、视野的宽度和对教育的温度。李老师在课堂上的激情蕴含着对历史教育深沉的热爱，在他身上能感受到一个历史教师的责任和担当。

"路漫漫其修远兮。"在历史教育的这条路上，我将不忘初心，勇担使命，继续多学、多听、多思、多想，厚积薄发，始终用心做学问，坚持用情做教育，在历史教学中奉献绵薄之力。

注：2019年于江苏吴江参加《中史参》编辑部主办的"担当时代使命，探索教育智慧"全国学术研讨会。

基于新课改下的高中历史课堂教学反思

——以学生学习为中心的价值和作用

甘肃省兰州民族中学　王瑞弟

很荣幸有机会参加"担当时代使命探索教育智慧——《中学历史教学参考》"创刊40周年纪念暨历史教育全国学术研讨会，和一群可爱的、有着共同使命的人汇聚苏州吴江，见到了自己的大学老师、崇拜已久的历史大咖，感受着思想碰撞带来直击心灵的震撼，不断提升着自己、丰富着自己。

三天的时间转瞬即逝，听了一场又一场的报告，感触最深的莫过于第二论坛开展题为《基于历史教育的课程、教材和课堂》的报告。反思自己面对新课改时的高中历史教学，一直在建立以学生学习为中心的道路上不断摸索。

普通高中历史新课程的基本任务是提高人的文化素养，履行其育人的职能。它从不同的角度揭示人类历史发展的基本过程，通过重大历史事件、人物、现象展现人类发展进程中丰富的历史文化遗产。通过高中历史新课程的学习，能使学生实现下列目标：了解人类社会发展的基本脉络，总结历史经验教训，继承优秀的文化遗产，弘扬民族精神；学会用科学的历史观分析问题、解决问题；学习从历史的角度去了解和思考人与人、人与社会、人与自然的关系，进而关注中华民族以及全人类的历史命运；培养学生健全的人格，促进个性的健康发展。

新课程改革，是为了从根本上改变学生的学习方式。新课程改革就是要求教师要注重培养学生的自主学习、探究性学习，培养学生能够在教师的指导下自主地探索知识，帮助学生不仅学会知识，还要掌握研究的主要方法，具备研究事物的探究能力。这就要求教师必须建立以学生学习为中心的课堂

研修篇——与时俱进汲取思想精华

教学模式，发挥课堂的最大价值。

转变教学理念，是顺应新课改、建立学生学习模式的第一步，也是最关键的一步。传统的教学以教师为中心，教师是课堂的主角，学生完全处于一种被动接受的状态。久而久之，学生的个性被泯灭，创造性被扼杀，从长远看还谈何发展？新课改下师生关系发生了很大的变化，学生成为课堂教学的主体，教师则成为课堂的引导者，学生的学习由被动变为主动，从学什么到知道怎样学，课堂的教学鲜活了起来，从而有利于建立学生自己主动学习的历史课堂教学模式。

在以学习为中心的课堂教学模式中，还需教师采用灵活多样的教学方法。现代社会是一个讲求高效率的社会，好的教学方法也可以大大提高以学习为中心的课堂教学效果。传统的教学方法很单一，教师最常用的方法就是讲述法，简单概括就是教师一言堂。新课改后，教师可以大胆尝试采用多种教学方法，如利用多媒体、学生自主学习、教师启发引导学生思考讨论、表演历史剧、开展辩论赛、合作探究等。这些方法的运用激发了学生的兴趣，让学生积极主动地参与教学活动，拓展了学生的思维，提高了学习的能力，改变了死板的课堂氛围，充分体现了新课改的理念，达到让学生成为学习主体的效果。

历史新课程体现出时代性，是对历史教学传统模式的冲击。新课程体现的时代性，表现在课程目标设定为养成科学的历史意识，学习内容反映着社会的进步和历史学科研究的新趋势与新成果，课程内容的呈现方式和语言注入时代气息，课程评价也适应社会对新时代人才的需求。各学校和历史教师都应当认真研究这个转变，改变从课本到练习册、满教室"一言堂"的状况，从培养学生的创新意识与实践能力的角度出发，多研究在教育教学活动中如何关注社会发展、如何关注学生生活，促进学生的全面发展。

加强案例研究，直面历史教学新问题，智慧化解，找寻对策，积累课程改革实施中的经验。通过典型的课例，解决教学过程中的一些具体问题。如课程、教材的整合问题；教材与学生学习实际有效结合的问题；课堂教学"三维目标"的有机整合以及达成"三维目标"的途径问题；学习方式变革与学习习惯的培养问题；如何使学生的学习过程、方法和教师的教学过程、方法和谐统一的问题；接受式学习与探究式学习、个体学习和集体学习的关系问题；小组合作探究的效益问题，自主、合作探究学习的模式问题；学生在课堂教学中如何体现主导作用的问题，等等。

新教材仍然有局限性，新教材内容多、容量大，在有限的时间里无法完成教学任务，教师感觉教起来非常吃力。以专题方式学习，时间和空间的跨度大，而学生的历史基础知识普遍较差，这给高中教学带来很多困难。专题史人为地割裂了历史之间的相互联系，如政治事件的形成往往与经济事件、文化事件紧密联系，单独学习政治史是无法深入理解和掌握的。新课标要求发挥学生的主体作用，学生要掌握大量的史料，必须收集整理有关资料。

注：2019年于江苏吴江参加《中史参》编辑部主办的"担当时代使命，探索教育智慧"全国学术研讨会。

擦亮学习的慧眼，提升判断力

——学习郭富斌老师《历史教育与历史判断力》心得

永登县第一中学　马建虎

2019年7月15日，我参加了中史参主办的《担当时代使命，探索教育智慧》中史参创刊40周年暨历史教育全国学术研讨会。本次学术研讨会在江苏吴江举行，全国千余名历史教育领域的名教授、名教师和优秀历史教师参加这一年度盛会。两天的会议，安排得有序、充实、精彩。对我而言，会议的内容具有排山倒海式的冲击力。

其中，郭富斌老师的讲座对我触动很大。

陕西省著名特级教师郭富斌老师做了题为《历史教育与历史判断力》的专题报告。大师讲座立意高，从学术角度引领中学历史教学，引领中学历史教师的专业成长，具有很强的针对性、现实性和可操作性，让我们这些中学历史教师眼前一亮，在学会鉴别真伪的同时，也明确了航行的目标。

郭富斌老师的讲座是第三堂专家学术报告。提出了"如何对待传统""如何看待世界"的历史教育问题，诠释了判断力需要批判思维、追根溯源、学术积淀、尊重事实、跨界视野、价值引领。郭老师以上世纪80、90年代国内外对中国加入世贸组织谈判时的不同观点为例，结合加入世贸组织以来中国自身与世界的发展，提出"只有懂得历史的人，方可预测未来"。他认为在历史教学中，"如何看待传统，就是如何认识自己；如何看待世界，就是如何认识世界"，这就是培养学生的历史判断力。如何培养历史判断力呢？郭老师认为：

判断力需要批判思维；判断力需要追根溯源；

判断力需要学术沉淀；判断力需要尊重事实；

判断力需要跨界视野；判断力需要价值引领。

我们在教学实践中具体应该怎么做？

第一，要扩大视野。在对历史的理解中，个体的精神世界——视野总是延伸在历史之中，也就是把自己置于历史境遇中，在历史中汲取经验，从而获得自己经验的更新。因此，个人的视野与历史的地平线融合，包含着一种更高的普遍性获得。大历史观是用人类历史的大视角，通过多层次、全方位、纵横交错的历史比较和客观考察，探讨各个历史时期的时代特征、发展主流和总体趋势。不同文明的统一性、多样性以及它们之间的相互关联渗透，揭示着整个世界历史和中国历史的结构、格局和运动规律。大历史教育观就是让学生通过一种全面、宏观地看待历史的角度，树立大的历史时空观，感悟与理解历史的本质和历史发展的脉络。

第二，要培养历史思维能力。历史教育的魅力在于其思想性，重视学科能力的培养，并把历史思维能力视为历史学科能力的核心，是大历史教育观的内在追求。学科能力是学科教育与学生智慧发展的结晶，其核心是历史思维能力。一般认为，学科教学是否有成效，关键在于能否形成学生的各种学科能力。在初中历史的教学中，应当重视概括能力的培养；在高中历史的教学中，则应注重比较能力与评价能力的培养，历史思维能力的培养有助于学生增强理解现实社会的能力。历史思维能力不完全是针对过去历史的，它是用历史的观点反映现代生活的各种矛盾和具体表现，并从特定联系的体系中考察它们的发生和发展。大历史教育观反对僵化的学术本位，提倡具有学术性的学科本位。

第三，坚持民主平等的师生观和学生的主动性。民主平等的师生关系是充满活力的现代教育的生动体现。在这种关系中，学生体验到的是民主、平等、自由、尊重、信任、同情、理解和宽容，形成的是自主自觉的意识、开拓创新的激情和积极进取的人生态度；教师领略到的是通过尊重、接纳、关爱学生，赢得学生的信任，顺利实现教育沟通。从本质上讲，对学生的信任就是民主。在课堂教学中，师生双方相互交流、相互启发、相互沟通、相互补充，分享彼此的思考与认识、经验与知识，交流彼此的情感与态度、情怀

研修篇——与时俱进汲取思想精华

与理想，从而达成共识、共享、共进，实现教学相长和共同发展。鼓励学生独立思想，要学会用历史作为载体进行思想，让思想的光芒照耀历史课堂。华东师范大学王家范教授曾在他的研究生中进行了一次题为"当下史学研究最缺什么"的调查，结论是最缺思想。其实，中学历史教学中最大的危机也来自于思想的苍白和匮乏。这也是许多学生讨厌历史课的根源。要能独立思考，有一个前提条件，那就是必须具有怀疑的思维品质、批判的精神和勇气。

注：2019年于江苏吴江参加《中史参》编辑部主办的"担当时代使命，探索教育智慧"全国学术研讨会。

阅 读 篇

——博观厚积丰富精神家园

　　兰州市施泽玉首席专家工作室（高中历史施泽玉名师工作室2019年4月升级为首席专家工作室）自2011年启动后，就发起了"读书点亮生活"读书活动。希望用读书构建教师的精神家园，让我们的教师因读书而美丽，让我们的生命因读书而精彩。

　　书犹药也，善读之可以医愚。

——刘向

　　为什么要读书？

　　有时候觉得读书即是生活本身，而非其对立面。这种生活更严肃、更高贵，少有激烈自负、琐屑轻浮和空虚的自负……在功利主义的世界里，阅读为我们维系着一种超然于现实的姿态，这有利于我们思考。

　　一个喜欢读书的人，肯定是一个有着独立思想的人，明白什么事应该做、什么事不应该做，因为他们在那些书籍里已经收获到了别的人没有收获到的果实。

　　梁实秋说："最简便的修养方法就是读书。"

　　苏霍姆林斯基说："在人类心灵的花园中，最质朴、最美丽和最平凡的花朵就是人的教养。"

　　读书如同一切传承那样，被传承到下一代，超越了传播者本身。

阅读是一种享受生活的方式。

——曾子墨

我们以怎样的心态去读书？

古代有人说："布衣暖，菜根香，诗书滋味长。"意思是甘当老百姓，不去当官做老爷，满足于粗茶淡饭，不羡慕、不向往于山珍海味的享受，认真体会诗书的深奥内容，从而获得深长的滋味。这是说读书要把心态放平和。当我们在一个闲暇日子里，煮一壶馨香的茶，捧一本好书，把其他的搁置一边，完成一次愉悦的精神活动，这也许是一种人生的享受。正如那句格言："如果有天堂，天堂应该是图书馆的模样。"我还想加一句："如果有天使，天使应该是懂得享受阅读的人。"

黄山谷说："人不读书，则尘俗生其间，照镜则面目可憎，对人则语言无味。"

读不在三更五鼓，功只怕一曝十寒。

——郭沫若

时间都去哪儿了？

《三国志·董遇传》说，有个想向董遇求教的人，董遇不肯教，却说："必须在这之前先读百遍。"意思是说："读书一百遍，它的意思就自然显现出来了。"求教的人说："苦于没时间。"董遇说："应当用'三余'。"有人问"三余"的意思，董遇说："冬天是一年的农余时间（可以读书），夜晚是白天的多余时间（可以读书），下雨的日子一年四季都有余（可以读书）。"（原文：冬者岁之余，夜者日之余，阴雨者时之余也）

阅读、感悟、践行，并为之重新塑造自我，不断提升自我。

回顾是为了前行

——读《昨天的中国》有感

永登县第一中学　马建虎

如果你希望现在与过去不同，请研究过去。

——斯宾诺莎

读过《昨天的中国》，顿感痛快淋漓。

"生活在当代中国，在历史海洋中遨游，老是感到昨天和今天、传统与现实、新与旧纠缠不清。死的拖住活的，过去吞噬现在。""苦难的过去，理应换来宽舒的未来。引颈以望，还要多长时间呢？""我只想说点对得起国家的真话！"透过这些掷地有声的文字，我们看到的是一位可亲可敬、有良知的知识分子对中国过去的反思和对中国现实的深刻思考。

360百科这样介绍袁伟时：袁伟时教授著述以思想深刻、见解独到著称，一生崇尚"说真话，说自己的话""历史在哪里扭曲，就要在哪里突破"，素为近现代思想史爱好者、时政类报刊阅读者，如《南方周末》《三联生活周刊》《南方人物周刊》等读者群、高知群体所推重，深得学术界、读书界普遍好评，奠定了其在近代史研究和社会公共领域的广泛社会影响。

长期以来，我们虽然已经深知没有社会反思和批评就没有社会进步，但事实却是不平则鸣的知识分子越发稀缺。在这个缺乏真正大师的年代，袁伟时是为数不多的学者之一。年过80，仍然笔耕不辍，他说："我还要继续努力。我的自我感觉是，我还没有进入老年。大家知道，我的学术成果，大部分是在退休之后产生的，我要继续偿还学术和思想欠债。近代中国经历那么多的曲折和苦难，应该产生巨大的学术和思想成果。但现在还没有。这是

阅读篇——博观厚积丰富精神家园

对人类的欠债。应该有众多学人自觉担负起还债的任务。今后的10年，我仍然要坚持不懈，尽绵薄之力！"他称："历史在哪里扭曲，就要在哪里突破。"以前，他在《中国现代哲学史稿》的后记中说："如果我们不愿再做受谴责的一代，就必须面对严峻的现实，从百年的屈辱和挫折中充分汲取教益……学术与盲信势同冰炭。因此，我的信念是：我只把我看到的历史本来面目写在纸上。"他用自己的思想像钻探机一样深入历史的地表，发现那些沉默的秘密，用他厚重的声音重新讲述历史的事实。

同时，袁伟时先生的生活态度是非常乐观的，他坚持"日日走一万米路，干八小时活"。在他的学术观点被一些人质疑、甚至攻击时，他是从容的。"面对谩骂，我向来的态度是一笑置之。它们多半是不可理喻的。乱骂人是羞辱自己。现代文明是无法抗拒的。谁的言行对社会有益，时间是铁面无私的审判官。每个人时间有限，我只做自己应该做的事，继续宣扬我的观点。"

他的学识、勇气、坚韧和乐观，让人佩服。

袁先生对近代世界和中国深刻而冷静的分析对我们今天的现代化进程有着重要的警示作用。《昨天的中国》从社会近代化的视角观察和梳理近代历史重大事件和历史人物，提出了自己的一些独特而精辟的见解，迫使我们回头审视中国走过的苦难的民主化道路，重新阅读我们曾经付出惨痛代价换来的经验和教训。

一、袁伟时先生客观分析了清政府的灭亡原因和历史贡献

在书中，袁伟时先生对清政府的谬误进行了客观的分析，使我们从中看到了以前忽视的历史真相，无情地打破了人云亦云的惯性下我们的错误认识。启发我们要有怀疑思想，要用开阔的视野来看历史，不要拘泥于已有的看法。

他分析清帝国灭亡是由于以下原因：①政治制度改革当断不断，说到底是既得利益的阻碍，不愿意改革，怕失去了自己的利益；②无力制止贪污，历朝历代王朝灭亡无不伴随着贪污腐败的横行；③重蹈国有经济的覆辙，清帝国覆没的直接导火线是1911年强制推行铁路国有政策，一是直接侵犯广大民众的权益，二是重蹈洋务运动覆辙。清政府是被自己的上述三大错误打倒的。他告诫我们，不管是一个国家还是个人的失败，往往都是自己内部的问

题，清帝国灭亡的教训是值得我们借鉴的，不能再重蹈覆辙了。

但是他也肯定了大清帝国在最后十年实行的新政有一定功绩，并不是书上所说的都是虚假的。

袁伟时认为，最突出的有几个方面，其中一个是教育的改革。1905年，废除科举制，但是这个废除科举的背后还有过渡的安排。比如说留学回来的人，回来还要再考一次，虽然废除了科举，照样授予进士、举人的分级头衔。对原来的秀才们，采取很多方式过渡。年轻的，鼓励其到学堂里去学新的知识；年纪大的，也分别安排各种各样的就业。这是一种稳妥的过渡安排。第二个就是司法改革。司法改革分两步走，最初就是将原来的大清律例，即传统的中国法律里面最残酷的刑罚废除。然后就很坚决地将传统的中华法系废除了，引进了西方的大陆法系，在日本法学家的协助下，制定了新的民律、刑律以及民事、刑事诉讼法，改变了行政和司法不分的弊端，司法走向独立的道路。同时，现代法律的基本原则，如法律面前人人平等原则、法律没有禁止的就不算犯罪原则、罪刑法定原则等，都确定下来。另外还制定了很多其他的法律、法令，但是民法（民律）还没有完成最后的手续，辛亥革命就爆发了。辛亥革命后所有这些改革成果都继承下来。中国法治有了良好的开端，司法水平提高了一大步，这是一个了不起的成绩。

再有一个就是政治体制的改革，即预备立宪，最初就是所谓的官制改革。官制改革将原来中国的六部制，慢慢地变为新式的政府机关。

二、袁伟时先生分析总结近代的曲折民主进程

清政府废除科举，建立现代教育体系；废除中华法系，引进大陆法系，废除行政与司法合一，建立独立的司法系统；开始预备立宪，包括推行三权分立的地方自治和成立咨议局、资政院。清政府覆没不是由于改革过快，恰恰相反，不敢在关键时刻当机立断实行宪政、错误地剥夺民营资本、开枪屠杀保卫自己财产的民众才是它走向坟墓的引魂幡。

两道催命符：拖延政治体制改革、践踏法治使大清朝最终被革命浪潮淹没。

中国宪政曲折而惨痛。袁先生从中可以得到的经验教训是：以民主、法治、自由为标志的现代社会的建设没有捷径可走，也没有什么第三条道路。

致力于制度的改革和建设，让现代文明在中国生根，是中国完成现代化历史任务的唯一通道。

三、袁先生在《大国盛衰的五大枢机》中阐述了自己的深刻思考，对中华民族的伟大复兴充满期待

15世纪以来，世界历史波澜壮阔，大国兴衰构成了其中重要的篇章，它们在历史兴衰和发展方面具有典型的意义。不知有多少学者和政治家呕心沥血探索其中的逻辑线索，产生了多少启迪今天的著述宏论。袁先生在《大国盛衰的五大枢机》中阐述了自己的深刻思考。他认为，大国兴盛应该表现在五个方面：一、人的自由度大小是国家盛衰的关键；二、经济和文化、学术的全球化，顺之者昌，拒之者衰亡；三、正确认识各国传统与普世性的现代文明；四、正确处理夺取政权与制度和文化建设的关系；五、狭隘的民族主义、极端思潮和片面的福利观念是国家发展的三大障碍。

现在，中国已经进入民族复兴的关键时期，中国与世界的关系也发生了重大而深刻的变化。中国应如何推进民族的伟大复兴以及中国与国际体系的深刻调整，袁先生的观点有重要的启迪。

对改革开放寄于高度评价和期待。巨大的历史机遇正在到来，在千载难逢的机遇面前，我们是否真的能够抓住它，从而走完这段历史性的旅程，全世界的人都在拭目以待。中国能否真正完成国家的现代化转型，从而使权力得到有效制衡、市民阶层有效发育，已经到了关键时刻。昨天的中国和当下的社会有着相互的映照之处，如何克服既得利益集团和发展路径惯性的阻力，就要看今天的人的思想深度和实践勇气了。

本书的多篇文章当中贯彻着一条主线，就是要以史鉴今，中国走过的路需要中国人不断地理性反思。

昨天的中国是一个古老并创造了灿烂文明的大国，也是饱受苦难和屈辱的大国。

今天的中国是一个改革开放与和平崛起的大国。

明天的中国是一个热爱和平和充满希望的大国。

要了解真实的、发展变化着的、充满希望的中国，就有必要了解中国的昨天。

转换角色，建构倾听型课堂

——读佐藤学《教师的挑战——宁静的课堂革命》有感

永登县第一中学　施泽玉

高中新课标（2017版）颁行以来，围绕立德树人的根本任务和素质教育的要求，高中课堂教学面临着新的挑战：高考压力下，课堂教学如何落实学科素养？教师在课堂中究竟该扮演哪种角色？课堂教学的关注点是学生还是知识？当我们的预设在课堂教学中与学生的生成相差甚远或者没有生成时怎么办？怎样掌控高中学段的小组合作学习……在困惑中阅读佐藤学的《教师的挑战——宁静的课堂革命》（钟启泉，陈静静译，华东师范大学出版社出版，2012年5月第一版），心中豁然开朗，转换角色不正是我们解决这些问题的一把钥匙吗？

好的课堂需要教师的倾听。佐藤学教授在这本书中指出："在以学为中心的教学中，教师的精力集中在深入地观察每个学生，提出具体的学习任务以诱发学习，组织交流各种各样的意见或发现，多样化地与学生互动，让学习活动更为丰富，让学生的经验更深刻。"但在高中教学中，我们往往本末倒置，认为高考是第一目标，扮演灌输者的角色，常以灌输的方式完成学习目标，向学生高强度地灌输知识，而忽略了"学习，是从身心向他人敞开，接纳异质的、未知的东西开始的，是靠'被动的能动行为'来实现的行为"，忽略了课堂中教师最为重要的角色应该是倾听者。倾听是学习的基础，是学习的重要行为，远比发言更加重要。

教师要学会倾听。虽然我们在课前的教学设计中都考虑到学生学情和教学内容两个方面，但进入课堂后，往往倾向于教学内容的教学方面，偏离了

学生学情的轨道，想方设法将学生引到自己预设的路径上来。对于学生发言偏离自己预设答案的，很少有耐心听取，甚至大手一挥让学生坐下来，让他重新思考，寻找他生回答，很难顾及学生偏离预设的生成方向。有时还因为预设时间在学生讨论激烈的时候叫停并进入下一个环节，未顾及学生尚未结束的讨论，学生刚刚闪现的思维火花一下子被掐灭，他们的情绪往往会一下子低落下来，可能生成的精彩瞬间再也不可能出现。佐藤学教授的观点是：教师要"不折不扣地接纳每一个儿童的想法，对所有儿童的发言予以信赖和期待"。教学的基点是尊重和信赖每一位学生，"尊重"和"信赖"是所有学校改革的核心概念。我们既然给学生创设了讨论探究的情境，为什么在讨论中叫停？为什么不在学生展示中去观察、体会、发现而是以讲解的方式打断学生的思维？叶澜教授曾经说："课堂应该是向未知方向挺进的旅程，随时都有可能发现意外的通道和美丽的图景，而不是一切都必须遵循固定线路而没有激情的行程。"

倾听型课堂不仅指教师要学会倾听，更重要的是让学生在课堂中相互倾听。佐藤学教授认为，"21世纪的教师面临的挑战是为所有学生提供高质量的学习机会"，教师的责任不再是进行"好的教学"，而是起桥梁的作用，要为学生在课堂中搭建合作学习、合作探究的学习平台。"借助心心相印的交流，在交响的课堂上形成相互倾听关系的润泽氛围"，创设让学生与教科书的相遇对话、学生之间相互倾听的学习情境，达成实现所有学生学习权利的目标。"教师的作用就是借助串联、反刍来保障班级所有学生的学习质量。"我认为，这里的"串联"就是引导学生相互倾听，学优者倾听学困者的表达，学困者倾听学优者的阐述，教师不失时机地将他们的表达连接起来，给以评价。"串联"是教师在课堂教学中的核心，培养学生学会倾听，高质量地组织学习活动，激发学生的提问、深思、想象和创造。

《教师的挑战——宁静的课堂革命》记录了一场静悄悄的革命，记载了一个个奇迹的发生。我们也要像佐藤学教授一样，在教学中既要当好导演者，组织教学，点燃学生的学习激情；更要做好倾听者，点拨思维，让学生的智慧火花绽放开来，让奇迹随时发生。

再读《卡尔·威特的教育》

甘肃省兰州民族中学　周　燕

十多年前，一位年长的同事向我介绍了《卡尔·威特的教育》这本书。那时，这位同事的孩子培养得十分优秀，在教育方面有很多独到的方法。我怀着好奇心买来一读，很快就被这本书深深吸引，书中的教育理念和方法给了我很大的启示。之后，我经常把这本书推荐给身边年轻的父母们。今天重读此书，仍然余味悠长！

书中详细记录了卡尔的父亲如何在卡尔的成长过程中进行的一系列科学而又行之有效的教育方法，如用游戏的方式教育孩子，培养孩子的学习兴趣，教孩子学习明辨是非和善恶，教孩子友好真诚地与人相处，尊重平等地与孩子沟通交流，培养孩子良好的生活和学习习惯等。这些都是我们在教育时值得借鉴和学习的好方法。

反观自己的成长，父母是憨厚老实之人，潜移默化之下，我的个性也差不多。而我性格中的弱点，经过该书的启发，也能在我的家庭教育中找到答案。作为学校教育的成品，在中国大班式的教育中，从幼儿园至今，我因成绩的优异、表现的"听话"，时时得到老师的关注。但是，心灵的成长从来没有得到过老师的关照，特别是无处安放的青春年月，很多的迷茫、困惑既没有得到老师的指引，更未得到家长的关注，很多的遗憾至今挥之不去。不过，在那样的年代，父母尽其所能支持我们姐妹求学，足以表明他们真的希望通过学校教育能让我们成为一个对社会有用的人，能为自己创造幸福的人生，我仍心存感恩！

再读《卡尔·威特的教育》，反思孩子的教育，语言是我们思想的工

具。老威特提出，要尽早地教会孩子使用母语，能够正确地发音和流利地表达。所有与孩子说话的大人，无论是父母还是家里的亲戚朋友，都应该注意自己的发音和用语，以便给孩子一个很好的示范。在这方面，我们往往习惯于和宝宝交流时发很多叠音，比如"狗狗""面面""果果"等。我接受书中的建议，每个人都应该用正常的话语和孩子交流，培养孩子正常的语言习惯。幼年是孩子学习语言的最佳时期，从小给孩子讲故事，陪着孩子一起读《婴儿画报》，和孩子一起给故事重新编辑结局……特别是反复阅读，在开发孩子语言的同时，无意中培养了他们的记忆力。

在培养孩子的行为习惯方面，老威特的基本经验就是是非分明、始终如一，养成良好的学习习惯。老威特从不认为自己儿子有多么高的天赋，也不相信成绩差的孩子是因为他们天生智商低。老威特严格规定儿子的学习时间和游玩时间，培养小卡尔他专心致志的学习精神。正是由于在学习专业知识时专心致志，效率极高，才使小卡尔赢得了很多时间运动、休息和参加社交等。我的孩子小学初始，晚上放学老牵挂着动画片，结果作业完成得飞快，但是质量越来越差，书写也日益潦草。在后来被告知电视"生病"不能看以后，又患上了拖延症。我不得已借鉴网友们的经验，与她约定在完成作业以后可以安排自己喜欢的游戏、活动，如此，她学习的习惯渐渐养成。至今，她的作业基本不需要我操心，学习效率有了极大的提高。但缺点在于速度上去了，书写的质量却让人头疼。以前总以为这是作业的量太大造成的后果，后来通过观察，发现事实并非如此，书写漂亮的孩子，任何时候都是一如既往。

此外还有一点值得学习借鉴，就是老威特在培养孩子美术、音乐等方面的兴趣不是为了想在人前炫耀，他只是想让儿子能够成为接近完美的人，只是想让他的一生充满情趣，在幸福中度过，仅此而已。我家孩子在学习舞蹈的时候，听到古筝班悠扬的音乐，自己要求学习，一直坚持到初二，因为学业越来越重才中断了学习。在学习的过程中，也曾遭遇瓶颈，几经波折才得以坚持。现在看来，音乐的学习对孩子的成长的确有很大的帮助。

"父母是孩子最好的老师，父母的行为会在最大程度上影响孩子的习惯和性格。"反思自己对孩子的教育，在早期教育时，的确借鉴了很多有益的方法，也确实有一定的收获，比如，孩子的阅读能力的培养和音乐、美术方面的兴趣。但是，自己三分钟热度的坏习惯对孩子也有着很大的影响。比如，我曾信心满满要和孩子一起学习古筝，结果至今不能弹得一曲；为了提高孩子的书写质量，也曾信誓旦旦要和她一起练毛笔字，一应工具置办齐全，仅仅练习几天就不了了之……回想自己的童年，喜欢唱歌，乐谱抄了几大本，却因小学音乐老师的一句"左嗓子"从此不敢在人前开口；喜欢弹琴，却缺乏持之以恒的毅力，只认识键盘对应的音符而已……现在，孩子的古筝也高高挂起，十天半月弹不了一次。俗话说："上梁不正下梁歪。"如果想让孩子从小养成良好的行为习惯，树立正确的价值观和人生观，那么做父母的必须以身作则，做好孩子的表率。

希望所有选择成为父母的人都对孩子负起教育的责任，采用科学的方法，遵循正确的理念，让我们的孩子健康、阳光地成长，创造自己的幸福人生。

读《历史课程与教学论》有感

甘肃省兰州二中　刘　静

　　本书第一章《回眸：黄河之水天上来》主要是对历史教育的回顾。前两节分时期追溯历史教育的发展，第一节《千年传统的追溯》主要回顾明清以前历史教育的发展，第二节则介绍了明清以来的历史教育。我只说说感触比较深的两个问题。

　　其一是文中提到的梁启超《新史学》中批判旧史的四弊二病，"一曰知有朝廷而不知有国家"，无法培养国家观念；"二曰知有个人而不知有群体"，不能激发群力、群智、群德，没能形成群体的力量；"三曰知有陈迹而不知有今务"，不能经世致用；"四曰知有事实而不知有理想"，如此则不能益民智，"以上四者，实数千年史家学识之程度也。缘此四弊，复生二病"。"其一能铺叙而不能别裁，其二能因袭而不能创作"。"合此六弊，其所贻读者之恶果，厥有三端，一曰难读，二曰难别择，三曰无感触。"所以无新意，不能启发思想。实际上，应试教育下的高中历史教学何尝不存在忽视国家、现实、个人、理想的问题，又从何谈起对学生创新能力的培养呢？这些在今天的历史教学中依然值得我们思考，理性化、技术化地应对考试，却忽视了对学生成长的密切关注，不得不说这种功利化的目标异化了历史教育的本真。

　　其二是黄仁宇先生在《中国大历史》中关于中国是一只巨型潜水艇夹肉面包的比喻。上层是"文士官僚"，下层是"亿万无从区划的农民"。后面用此比喻谈到中华人民共和国成立前的历史教育，构建出一套现代化的新体系。但是普通人由于生存问题尚未解决，所以很难有接受全面历史教育的机会。当前历史教育界，专家学者同一线教师的沟通与理解同样十分重要。再完善的历史教育体系结构，再完美的理论，如果没有一线教师的践行，其功效也无从谈起。教师要力争做研究型教师，学者同样也需要放下架子，走进课堂，走近一线教师，包括了解教师的生活，了解历史教师的生存状态，才能更加深入地了解大时代背景下的中国历史教育。

感悟幸福

——读《教师的诗意生活与专业成长》有感

甘肃省兰州市第八十二中学　王源

　　本学期，我有幸拜读了肖川教授的《教师的诗意生活与专业成长》教育随笔。合上书，我不禁问自己："作为一名教师，你幸福吗？"回想自己近十七年的教师生涯，来自于学校的压力、家庭的压力，有的时候真让我透不过气来，能谈得上幸福吗？但冷静地思考一下，在起早贪黑、受苦受累的背后，教师职业的那份神圣、社会给予的那份尊重、学生眼中饱含的那种渴望和纯真，有时也有欣慰的体验。我想，这就是一种幸福。

　　只有幸福的教师才能培养出幸福的学生。肖教授说："教师脸上的微笑有多少，学生心中的阳光就有多少。"因此，作为教师，我们有责任、有义务让自己过得幸福。

　　幸福不是别人给予的，而是通过自己创造并且依靠自己把握和理解的。肖教授提出："对教师而言，要养成专业心态中的良好心态，就是'接受现实、悦纳自我、心存感激、追求卓越'，用积极的心态来看待世界。"幸福就是一种感受，敞开心灵去感受，幸福其实无处不在。

　　肖教授认为，至少有17种因素影响着教师的幸福。其中，我认为教师的专业素养是影响教师幸福人生的重要因素。同样的工作思路，如果专业素养很高，就会举重若轻；如果专业素养很差，就会感到非常吃力。别人干得很愉快的事情，自己则感到很吃力。正如肖教授说的那样："教师的专业成长与诗意的营造可以相互促进，形成一个良好循环。一个能够感受到生活幸福的教师也更有可能以更积极和光明的心态、更饱满的热情关注自己的专业成长。"

一个教师要提升自己的幸福感，首先必须提高自己的专业素养，需要做到六个学会：学会等待、学会分享、学会合作、学会宽容、学会选择、学会创新。

　　学会等待。等待，是用发展的眼光看学生，用从容的心态对工作，不急于求成，不心浮气躁，不指望一次活动、一次谈话就收到立竿见影的效果。当我们学会用等待的心情看学生时，我们就能对学生少一点儿苛责、失望和冷漠，多一份理解、信心和亲切。让我下定决心要帮助毕媛进步的原因是去年我校举办的感恩教育，那天她的表现证明了老师们对她一贯看法与评价不正确。当我坐在队伍的最后面，听着台上感恩的话，看着学生流下感恩的泪，自己觉得的确很感动，但最感人的是毕媛的行为。不会因为是养母，不会因为母亲又老又不漂亮而疏远她，反而比其他同学都要关心母亲，是整个队伍里唯一能为母亲遮凉的孩子。在这半年的说教、鼓励、表扬与批评中，我发现她更自信了，学习有一些进步，但还没有达到我想要的结果。我想，也许我还得学会耐心等待。

　　学会分享。分享，是展示，不是灌输；是引领，而不是强制；是平等的给予，而不是居高临下的施舍。学会分享，是要学会倾听，学会走进学生的内心世界，学会用学生的眼光看世界；也是努力学会一种新的表达方式，学会用欣赏的眼光看他人。对于毕媛，对于管小丽、段晓莉等同学，我做到了分享他们的内心世界，倾听到了这些孩子内心的声音，因而对于他们的一些行为多了些理解，多了些宽容。

　　学会合作。合作，意味着对于不同、对于另类的尊重与接纳。作为教师，需要很好地和校长合作、和同事合作、和学生合作、和家长合作。合作需要有善于沟通的品质和能力，沟通能使我们的教育理念得以落实，教育策略得以实施，同时也能为我们的教育研究积累素材。

　　学会宽容。宽容，是努力使自己变得胸襟开阔、气度恢宏，是心智不那么闭锁、头脑不那么固执、思想不那么僵化、眼界不那么狭隘，是尽可能地尊重多样化、珍视个性，尽可能地从多种角度看事物，尽可能习惯"一个世界，多种声音"。真正的教育只能建立在尊重与信任的基础上，建立在宽容与乐观的期待上。这一点我觉得自己做得还不够好，对于一些同学的行为有些苛求，我知道是源于对他们内心世界的不了解，没有分享孩子们的生活境

况，所以缺少了应有的宽容。我相信，没有哪个孩子天生就有喜欢上网、喜欢撒谎等不好的行为，这与其生活的环境有密切的关系。

学会选择。我们要学会选择教育的内容，选择教育的时机、教育的途径和方法。这就要求教师要有丰富的积累，有高度的判断力和鉴赏力，如此才能有不俗的选择能力。当然，有取必有舍。在专业化成长的过程中，我们更要学会适时地放弃，当研究进入死胡同时，当某种教育方式遭遇失败时，当新的教育理念得到实践证明时……我们都应该及时地放弃老路，也许转一个弯，就是柳暗花明又一村了。

学会创新。这要求教师不断探索和改进工作，不断尝试新的教学方式和教学风格，学会从不同的角度对我们曾经习以为常、司空见惯、熟视无睹的事情做出新的解释，学会对我们认为理所当然的事情进行重新的审视，学会对那些似是而非、以讹传讹的种种说辞予以警示。学会创新，才可能培养出具有创新意识和创新能力的学生。

肖教授的书发人深省，令人受益。我坚信，努力就会幸福。就让我们拥有一个积极的心态，享受自己诗意的人生，造就学生的诗意人生！

读《史学阅读与微课设计》有感

永登县第六中学　陈百秀

在本阶段的读书计划中，我阅读了教育部基础教育课程发展中心何成刚主持编写的《史学阅读与微课设计》系列丛书。这套书不仅拓宽了我的视野，也成为我现阶段历史备课不可多得的教学资源，是我教学中的良师益友。

首先，史料资源丰富，且益于开拓心胸。我在大学接触到的历史资源比较零散，自大学毕业后，因为身边历史资源的匮乏，可查阅的史学书籍少之又少，致使自身的知识面日益狭窄，有限的资源完全不能满足日常教学的需要。而这套书每一个微课课题的最后都收集了与该课题有关的各种教学资源，如在《民族英雄林则徐》这一课题中，便搜集了有关林则徐的大量史料，让我从中看到了林则徐的爱国主义精神和高尚品格，也看到这名禁毒英雄的世界性影响，还看到这位冲破樊篱、"开眼看世界的第一人"。当然，林则徐身上也有很多时代的烙印。他曾盲目自大，并没有给别的国家以真正的平等；也曾愚昧无知，对英国军队有"腿屈伸不便"这样荒唐可笑的误解；还有过无视法律，有"林维喜事件"这样的激进主义倾向……这些资源的收集让我看到了一个有血有肉的、真实的林则徐，一个不为升官发财，不为出将入相，不为青史留名，只为民族大义的林则徐。"苟利国家生死以，岂因祸福避趋之。""砥节砺行，一身正气。"读史使人明智，这样的史学资源，我想不仅有助于拓宽视野，且能开阔心胸。

其次，趣味性、可读性较强。本书虽然以罗列材料为主，但读来却无枯燥之感，书中的风趣、幽默，让人开心，让人解颐。如果我把这些故事运用到课堂上，让课堂富有趣味性，那课堂效果就会好很多。在日常教学中，

阅读篇——博观厚积丰富精神家园

我也经常会在课堂上穿插趣味故事，尝试着用历史故事来解释一些枯燥的概念，让我的课堂更加鲜活生动。然而历史故事的收集需要渊博的知识储备，很多时候我做不到这一点，而这套书却为我提供了一些捷径，很多东西可以直接拿来为我所用。如从"马车铁路"看洋务运动的艰难前进、甘蔗与奴隶贸易、鲁迅经历辛亥革命对其后来创作的影响等，这些课题中的故事都是从一个切面反映社会百态，读来对我有极大的吸引力，而且我都可以借鉴并讲给学生听，这样不仅有助于我自身专业素养的提高，也会给我的课堂锦上添花，使课堂变得有声有色。我想，历史不是由生硬的专业名词堆砌而成，如果能用学生喜欢接受的方式让他们轻松地了解并接受，何乐而不为呢？

第三，观点新颖，引人深思。在教学实践中，我所接触到的历史观点都是教材观点，致使很多时候认"死理"，教学始终在"教科书"这个窠臼中，对事物的认识常常会有一个"标准答案"，感觉非此即彼，完全没有自己的想法。然而，这套书却给了我一些新的启发，让我对某些已经形成的历史观点有了感悟。"不经过思考的人生并不值得过。"很多时候，我们更应该做一个有思考力的人，尽可能多角度、辩证地去考虑问题，改变我们对事物的成见与偏见。

作为一套教辅资料，这套书引用了大量史料，且含金量很高，有些课题让人茅塞顿开、豁然开朗，具有很强的思想冲击力，确实值得反复研读！

发现历史的美

——读《隋唐考古》有感

甘肃省兰州新区舟曲中学　杨　扬

在考古学家的眼中，历史就像披着神秘面纱的少女，等待着人们探索她的美，而历史遗迹、文物则是美的最好体现。最近热播的电视节目《国家宝藏》让文物活了起来，点燃了延续中华文明的灿烂星火。借着这股"国宝风"，我阅读了齐东方先生的《隋唐考古》一书。这本书简要回顾了20世纪隋、唐考古的发现与研究成果，内容涉及城址、陵墓、瓷器、丝绸印染、金属工艺和中外文化交流等方面，展示了隋、唐盛世文明的辉煌成就。我从自己感兴趣的城址这个角度出发谈谈自己的感受。

隋唐时期的城址考古工作主要是围绕着长安、洛阳两大城址以及为数不多的地方城址展开的。这些城市造就了隋、唐的辉煌和盛世。唐朝的长安城在隋朝大兴城的基础上有所损益，设计理念既继承了中国传统观念和北魏以来都城布局的特点，又添加了《周易》中八卦学说的理论，体现着唐朝人不因循守旧、注重创新的思想。其中，核心宫城和皇城最受重视，安排在全城的北部正中，宫城和皇城的东、南、西三面都围绕着郭城，主要是居民所居住的里坊。城市布局最显著的特点就是规划整齐，犹如一个围棋棋盘。长安城内有着通南面三门和贯通东西六门的六条街道，是城内的主干大街，宽度多在100米以上，尤其是朱雀门至明德门的朱雀大街宽达155米。如果与我们现今的街道相比，恐怕连首都最宽的长安街也会相形见绌。仅从城内街道的宽度上，长安城宏伟雄壮的气势即可见一斑。

在高中历史教材中，对于唐朝的东西两市、里坊制度有简单的介绍，所

阅读篇——博观厚积丰富精神家园

以在阅读时我着重关注了一下这方面的内容。唐朝的东、西两市大约占两坊之地，四周有围墙，内部有井字形街道，街道两侧还有相互沟通的排水沟。市内的各种商铺沿街毗连，据测量，最大的面积30平方米左右，最小的不过10平方米左右。商铺的种类有笔行、铁行、胡饼肆、酒行、肉行等，还有杂戏、卖胡琴者等，非常丰富。居住区里坊外部也有高大的围墙，内部是十字形街道，发现的坊间街道宽在20米左右，路两旁有土挡和排水沟。唐朝前期有严格的坊、市制度，两市要按时开市、闭市，坊门也有早启、晚闭的时间，实现了对居民的管理控制。考古研究发现，大约从唐高宗开始，坊与市几乎同时发生了变化。商铺开始向东、西两市附近的坊和街道蔓延，一些坊内还出现了夜市，并得到了政府的默许，这是唐朝社会繁荣、工商业迅速发展的表现，也是城市职能转变的标志。而将城市商业职能的性质体现得淋漓尽致的城市当属扬州城了，这座城市改变了中国古代城市以政治、军事职能为主的特点，具有划时代的意义。扬州城内有错综复杂的水系，跳出了长安城和洛阳城市、坊的封闭体系，在沿街沿河岸设置店铺，集中贯穿坊区，不仅少有居民住宅的阻隔，还有水陆交通的相连，甚至在店铺之外的河边还有移动兜售的商贩。

隋、唐是中国历史发展的高峰期，随着我们对隋、唐考古认识的不断深入，那无与伦比的盛世气派再次得到了印证。将这些考古研究发现运用在课堂教学中，无疑能够大大起到补充和完善教材知识的作用，更能让学生重新发现隋、唐历史中那恢宏、繁盛的美。

参考文献

［1］齐东方.隋唐考古［M］.北京：文物出版社，2002.

［2］沈睿文.三国两晋南北朝隋唐考古［J］.历史教学问题，2003（6）.

半亩方塘，自有真意在

——《大学》书中的絜矩与谨序

甘肃省兰州新区舟曲中学　廖锦春

　　自孔孟以降，儒家经典论述的学脉承续有些难以说清。先是孟、荀之道既有分解，后人弃荀而尊孟。后既存汉儒以术解儒，经学乃兴，赋儒学以广泛的政治伦理意义，由此奠定儒学的正统地位。又有宋儒新辟理学、心学之道，自谓承继孔孟之学，道统自明，显然在一定程度上否定了两汉经学在其中的承续意义。这似乎说明了汉学与宋学在道统上不存在什么承继的情况。然而一儒不分两家，无论是孟、荀，还是汉、宋学，他们学问的基础都来自于传统的儒家经典，而且儒经书目自六经、五经，乃至于九经、十三经的变迁正好说明了儒学理论的更新。就总体而言，它以五经为核心，而不断在枝叶处有所修剪、嫁接，以至于儒学经典序目不断更改。《大学》即由此而生出。

一、由篇编成书

　　《大学》一书，其来源可追溯至汉人戴圣将其收入《礼记》第四十二篇，经韩愈、李翱予以重视，又经二程尊奉且与《论语》《孟子》并提，最后自朱子集注始，从《礼记》中抽出以合成四书——《大学》《中庸》《论语》《孟子》，从而奠定了《大学》儒家经典基本书目的地位。至今所存版本有二：一为朱子编订的《大学章句》；另一则为《礼记》之大学篇。其中，《大学章句》广为流传，且被今人所重。

　　《大学》两分为经传，据言，经乃"盖孔子之言，而曾子述之"①，传则为"曾子之意而门人记之"②矣，因此将其称之为"孔氏之遗书，而初学者入德之门矣"③。今人多以《大学》为曾子所作，虽有其他意见，亦难以得立。有人且以大学之思想与曾子之孝道观、反求诸己、躬行实践等家国观念以及道德要求相考证④，以证明《大学》为曾子之作，似乎也颇有些道理。就暂以此作结吧！论及《大学》一书的意义之所在，放诸四书之内来讲，二程有言："大学，孔氏之遗书，而初学者入德之门矣。于今可见古人为学次第者，独赖此篇之存，而论、孟次之，学者必由是而学焉，则庶乎其不差矣。"⑤朱熹亦有说明："某要人先读大学，以定其规模；次读论语，以立其根本；次读孟子，以观其发越；次读中庸，以求古人微妙处。"⑥由此观之，《大学》不仅道明了为学之道，而且是其他经典读阅的门户。另外，由《大学》以定为学之规模，在某种意义上也担当了理学的纲领。窃以为，《大学》为宋明及以后儒学提供了关于"为学重教"之修道过程的、有明确次序的理论纲要；《论语》《孟子》则记录了不同时期的孔孟哲人躬行于教育、政治及其社会实践的切身体验，以成言传身教之用；中庸似阐释了理想中所希望到达的去处，即"至善"之境——"致中和，天地位焉，万物育焉"⑦，则大道之既成。从修道大纲至切身教诲，再至于"至善"之解，我们可以从中读取儒家关于个人、君国以及社会的期待。儒家之核心追求便在于教化世人，渐臻大同世界。

　　我选读的《大学》内容来自于1985年3月由岳麓书社出版的《四书集注》一书，并主要参考了由宋人赵顺孙纂疏、黄坤整理的《大学纂疏·中庸纂疏》一书。朱熹为宋明理学的集大成者，赵顺孙所著《四书纂疏》则是宋明

① 朱熹集注，《四书集注》，岳麓书社出版社，1985年3月第一次版，第5页。
② 同上。
③ 朱熹集注，《四书集注》，岳麓书社出版社，1985年3月第一次版，第3页。
④ 王杰，《先秦儒家政治思想论稿》，人民出版社，2011年1月版，第151-154页。
⑤ 朱熹集注，《四书集注》，岳麓书社出版社，1985年3月第一次版，第3页。
⑥ 朱熹集注，《四书集注》，岳麓书社出版社，1985年3月第一次版，前言第6页。
⑦ 朱熹集注，《四书集注》，岳麓书社出版社，1985年3月第一次版，第30页。

理学思想解说、阐发的主要著作。无疑，我所解读的《大学》倾向于宋明理学之道，本文即由此而做相关的解说以及阐发。

二、《大学》之本义释读

此部分主要涉及两方面的内容：一是关于《大学章句序》中，由人性论至小、大学之求学次序的理解及质疑；二是经传中所阐明的大学之道之探讨。

《大学》，所谓大人之学也。此之谓，乃相对于小学而言。于小、大学之前，即是人之本性的理解。对于人性，先贤有主善主恶的，宋明理学既承继孟子之学说，其理论无疑是建立于"性善论"之上的：天赋予人之仁义礼智之性，故人一生之所为系之于保持本心、开化复性之道。然因气禀所拘、人欲所蔽，大多数人往往不能够自明其性，则有了圣贤君师与泯然众人之分际。圣者、贤者居于上，凡者愚者之为下，则有了上下之道，则存了教育以助开化之意义。于是，小学教之以洒扫、应对、进退之节，礼、乐、射、御、书、数之文，当是切其用而辨贤愚，且为大学之基本。养其性，辨贤愚，"及十而有五，则自天子之元子、众子，以至于公卿、大夫、元士之适子，与凡间之俊秀，皆入大学，而教以穷理、正心、修己、治人之道"①，似乎表明了择精英而教，以及亦将任之以位的道理。

然而，细究其理，我们不免发现这其中存在讲不通的地方。最先一代圣贤君师是从自然之中脱颖而出的，其超凡脱俗之才德自然地背负了教化众人之意义，这能为人所理解并接受，也符合三代以前"禅让制"的基本含义。可是于小学入大学之途中，为什么"天子之元子、众子"便拥有了特权而无需经过贤愚之辨别呢？"公卿、大夫、元士之适子"也只需在较小的家庭范围中择选，而不是如同凡间之俊秀，须得超然于茫茫乎众人呢？这中间显然存在着等级差别，也打上了封建"世袭制"的意味。而且，这里面似乎包含着这样的认知观念，"天子之元子、众子，以至公、卿、大夫、元士之适子"似乎就理所当然地比别人出众一点儿，自然无需选择，这是不是我们传统的"龙生龙，凤生凤，老鼠生的儿子会打洞"观念的书面表达？而他们

---

① 朱熹集注，《四书集注》，岳麓书社出版社，1985年3月第一次版，第1页。

如同君主一般，天然地被选定在"统治阶层"内部，这构成了上层社会的凝固状态，略微的流通只限于民间往上一途。因此我们可以看出，此间种种问题，皆构成了对儒家以才德入道，以圣贤居上的原则的反叛。因此，由天赋人性至小学、大学之教育的理论逻辑推演，是程朱理学基于封建君主官僚统治之上，对现有统治原则的合理化、正当化乃至于强化，其并非真正意义上的、于天下众生公平合理的修己治国之道。它存在合理的一面，比如圣贤之教化、统治，是一种对于政治的美好构想。而其不合理之处就在于择才标准上，高低贵贱的物质区分居然超越了对贤德禀性的甄别，因而给予了矜贵子弟优先之权。而终至于蔚然成风，腐蚀了统治阶级队伍，非圣贤之为先，是矜贵之为先。如果说更深层次的质疑，那就不得不说"精英政治"了，此间自有其合理之处。至此，可以窥得一个道理：存在既有其合理处，也有其不合理处，合理处解释了它缘何而存在，不合理处留给了未来改良发展之机会。

继以讲大学之道。"大学之书，古之大学所以教人之法矣。"[1]我们如何对这一部分经过选择的精英进行再教育，令其能参与政治、教化，以达到治国、平天下的目标？儒家提供了内圣外王的一套方法。所谓内圣外王，即是指修己以达人，以治国、平天下的道理。这不仅是人君所应做到的，而且是统治阶层中每一个人都应该以修己为先，然后推及庶人子弟，以期人与人相和，整个社会之和谐。

此反映在《大学》的内容上，就是三纲领、八条目。三纲领——明明德、亲民、止于至善，是彰显个人之德，其次推己及人，再次人与人相得相亲，这是大学学习的目标，也是原则；八条目——格物、致知、诚意、正心、修身、齐家、治国、平天下，是处理人与自然、人与自己或他人、人与国家社会或天下世界的关系。三纲领之于八条目，是提纲挈领；八条目之于三纲领，是曲径通幽之"径"，且有修身之前，所为明明德；修身之后，所为亲民；前为后之根本，而终止于至善之境。其内部的逻辑关系，已稍有说明，以下将浅谈八条目之间是如何勾连的。格致，可表里清澈，洞若火烛，乃至于无所不尽，内外兼具；致诚，一于理而莫自欺也，因褊狭之见而妄发

---

① 朱熹集注，《四书集注》，岳麓书社出版社，1985年3月第一次版，第1页。

其意，是步入歧途之始也；诚正，意不自欺，独居而咸为之善，非为人欲所蔽且自蔽于他人，则心得其正矣；正修，心定于中，不受外物之干扰，则心之常存且以检其身而修焉；修齐，不偏好，以己之德而求诸人，因得其亲而家齐焉；齐治，将一家之孝、悌、慈推之于一国之君臣与民，而不加强焉，则国无不治矣；治平，以絜矩之道而成上下左右之均平，得以方正，若利相侵，则有圣贤之君师让利于民众，以得其义，于是"亲贤乐利，各得其位，而天下平焉"①。

三、絜矩与谨序之道

读完《大学》篇，感触颇深的就是儒家讲规矩、重次序的理念。儒家本身坚持的政治用人之道是非常具有流通性的，然而每一种新理论发挥、应用于政治，总是在不自觉或者自觉地将这种原则固定下来，逐渐变成一种规矩而走向僵化。而且，儒家的修身治学都要求井然有序、由此到彼，而不容有错乱，即将社会中的每一个原子化的个人都纳入一个有条理的框架中，这个过程就是教化。接下来的内容，就是絜矩以及对贯通于整个文章的"谨序"之道的理解。

（一）絜之论

"絜矩"一词载之于《大学》齐治篇："所恶于上，毋以使下；所恶于下，毋以事上；所恶于前，毋以先后；所恶于后，毋以从前；所恶于右，毋以交于左；所恶于左，毋以交于右：此之谓絜矩之道。"②此中"絜矩"应被理解为"度方"："度"是度量、揣度的意思；"方"则表达方正之义，有点像我们今天几何中所讲的矩形的意思。此一说，就好比一块地，自家居于中央，于上下、左右、前后揣度都无所侵吞，所以成"均平方正"③。之所以如此，是因为这中间有一个以己情度他情的道理，即换位思考，"如不欲

① （宋）赵顺孙纂疏，黄坤整理，《大学纂疏·中庸纂疏》，华东师范大学出版社，1992年9月版，第96-97页。
② 朱熹集注，《四书集注》，岳麓书社出版社，1985年3月第一次版，第14页。
③ （宋）赵顺孙纂疏，黄坤整理，《大学纂疏·中庸纂疏》，华东师范大学出版社，1992年9月版，第91页。

上之无礼于我，则必以此度下之心，而亦不敢以此无礼使之；不欲下之不忠于我，则必以此度上之心，而亦不敢以此而行不忠之事，前后左右，无不皆然"。①因此至于事亲、事长、事友、事同僚，以至于事君、事民，都存在这样一个均平的尺度。

"絜矩"之道，放在一个横面上，表达的是"前后左右"的均平。在双方足以平等对话的基础上，我们来谈论"均平"的内涵以及意义。这里所表达的"均平"，并非科学地划定疆界，以达到互不侵扰的效果，而是借助于感性的思维来使自己被理解，也理解他人。这样的一个尺度，不仅适用于人与人关系的处理，还适用于以人为智囊的国与国的争霸。然而，这样的和谐，经常为"利"所破坏。"利"字之上，不仅集中了社会上极为现实又充满斗争性的种种面相，也紧扣着人类欲望的闸门。而在你来我往的利益交锋中，絜矩之道可以提供这样一种可能：你留三分情，我让三分利，使你我在原来的基础上都有所收获，最终一种达到"双赢"的局面。而正是儒家所崇尚的君子之道，才能赋之于现实意义。退一步来说，当"君子"之人格都仅仅是一种理想的时候，"兼相爱、交相利"之谈便仿若空中楼阁一样了。这是一种完美的构想，当其不可实现时，并不意味着它就完全失去了意义。"虽不能至，心向往之"是一种意义上的表达，而在现实的环境中，它是对霸道、专利等观念的制衡。这就是我们在今天还要再去研究"絜矩"之道的意义所在。

而在纵面上，如何得到"上下"之"均平方正"，又是一个非常深刻的话题了。其中对立统一的思想表达得尤为清楚。下对上之"敬"、之"忠"，必将伴随着上对下的之"仁"、之"慈"。这并非是一种利益或者感情的交换，而是表达的一种"忠"与"恕"的观念，更是"絜矩"的集中体现。

所谓"忠""恕"观念："忠"是一种对外的表现，是臣子对于君上的必然要求，其中臣子度己之情而忠心奉上，是"絜矩"之道；"恕"是一种对内的自我要求，"己所不欲，勿施于人"是其核心表达，但它在更多的时

---

① （宋）赵顺孙纂疏，黄坤整理，《大学纂疏·中庸纂疏》，华东师范大学出版社，1992年9月版，第90—91页。

候，有一种上对下的、至少是平等的指向性，表现为"仁"与"慈"。我认为，这是一种情感上的交流，在君情与民情的问题上，双方是平等的，这依旧在其指向性表达的范畴之内。其他情况也依此类之，他们应当在某种条件下存在平等对话的可能。所以，"絜矩"以得"均平方正"。

另外，在上下之均平方正受到利益干扰的时候，儒家往往提供这样一个原则——"以义为利"。这见之于君子之道，君子重义而轻利，位于君师阶层的圣贤之辈，必然是让利于民的。我们可以看出，儒家之学，是在竭力营造着和谐至上的社会。

总的来说，"絜矩"之道表达的意思，无论是前后左右之相互理解，还是上下所应有的忠恕观念，抑或是政治与亲缘的伦理结构上的相似以至于天然地相联系，都不脱出一个相互衡量、揣度的意味，都是求得一个"均平方正"。而其基础是建立在儒家君子之道上面的，又是"以圣贤者居于统治之位"的合理推衍。

（二）由小大之序也至条目功夫

从小学到大学，这是培养人才的常规过程。"方其幼也，不习之于小学，则无以收其放心，养其德性，而为大学之基本。及其长也，不进之于大学，则无以察夫义理，措诸事业，而收小学之成功。"① 然总有其他的情况出现，不能一如此迹而行。如有人问：

曰："幼学之士，以子之言而得循序渐进，以免于躐等陵节之病，则诚幸矣。若年已既长，而不及乎此者，欲反从事于小学，则恐其不免于扞格，不胜勤苦难成之患；欲直从事于大学，则又恐其失序无本，而不能以自达也，则如之何？"②

朱熹以下面言语作答：

曰："是其岁月之已逝者，则固不可得而复追矣，若其工夫之次第条目，则岂遂不可得而复补耶？盖吾闻之，敬之一字，圣学所以成始而成终者

---

① （宋）赵顺孙纂疏，黄坤整理，《大学纂疏·中庸纂疏》，华东师范大学出版社，1992年9月版，第16页。

② （宋）赵顺孙纂疏，黄坤整理，《大学纂疏·中庸纂疏》，华东师范大学出版社，1992年9月版，第17页。

也，为小学者，不由乎此，固无以涵养本原，而谨夫洒扫、应对、进退之节，与夫六艺之教。为大学者，不由乎此，亦无以开发聪明，进德修业，而致夫明德、新民之功也。是以程子发明格物之道，而必以是为说焉。不幸过时而后学者，诚能用力于此，以进乎大，而不害兼补乎其小，则其所以进者，将不患于无本而不能以自达矣。其或摧颓已甚，而不足以有所兼，则其所以固其肌肤之会，筋骸之束，而养其良知良能之本者，亦可以得之于此，而不患其失之于前也。顾以七年之病，而求三年之艾，非百倍其功，不足以致之。若徒归咎于既往，而所以补之于后者，又不能以自力，则吾见其扞格勤苦日有甚焉，而身心颠倒，眩瞀迷惑，终无以为致知力行之地矣，况欲有以及乎天下国家也哉！"[1]

此一段文字，不仅表达了小、大学治学次序不能变的意思，还涉及了本末终始之义，如同《大学》篇目中所强调的"物有本末，事有终始，知所先后，则近道矣"[2]，这也是对于主体性的个人来说，谨序之道的根本之所在。

小学为大学之本，无本则不可自达。洒扫、应对、进退之节，所指日常生活的基本礼节以及常识；礼乐射御书数之六艺，亦是为人处世之必不可缺，而且还有更深一层的意义。"礼乐"居先，为养性怡情也，"礼以道行，乐以道和"，其中本身便含有节制的意思。"射御"之道，除了强身健体之外，还为人们提供了另外一种生活的可能——戎马生涯。而且，若人人懂得射箭、御马，则手无缚鸡之力的"弱民"便很少见了，保家卫国，匹夫有责。"书数"，一种普世教育，亦是经营之必需也。所以，此之为本，不仅在多方面起到一种普世教育教化的作用，还有分辨贤愚优劣的意思，以达到"因材施教"的目的，不浪费优秀人才。失时而后学者，必补其小学之知识，且须得千百倍功夫来达到。

其本末终始之道，不仅见乎此。比如三纲领、八条目的内在联系，比如"知止"与"得止"的次第论述，都是一整套的、"一而贯之"的逻辑。显然，程朱理学继承了这种次序性，并一再地推而广之，体现出来的是侧重于

---

① （宋）赵顺孙纂疏，黄坤整理，《大学纂疏·中庸纂疏》，华东师范大学出版社，1992年9月版，第17—18页。

② 朱熹集注，《四书集注》，岳麓书社出版社，1985年3月第一次版，第3—4页。

形而下的基本学问，在掌握扎实知识的基础上，达到形而上的思想理论的创新，亦有自我的确立。这就是程朱理学与陆王心学的争论的焦点之一，在于"道问学"与"尊德性"之辩。承继于孔孟先贤，莫怪乎程朱一派将本末、次序放在极重要的地位，作为其立学之基本。

"君子之道，可不谨其序哉。"[1]我们如何去看待这种次序呢？前面对次序的重要性已讲述了很多，但是反思之，守本分，安于现有之序，常常使我们失于保守之嫌，反观之创新与进步思想，往往出之于"常理"之外。阳明心学即反程朱之思想，而创造发挥了心学，开一派思想之宗脉，虽有承继于陆象山之学，但犹存开风气之先的奇妙之处，这不由为人所倾慕！"穷则变，变则通"，或许是不错的出路。不墨守成规，亦非缥缈无定。

总之，小学之所学，在于日常礼节与基础知识；大学之所学，在于修己、达人，从而齐家、治国、平天下。小学为大学之本。而大学之修己、达人，又须得条目功夫做起来，尽一己之精力，修成一己之德，推及与他人及社会，修己又位于其中心地位。此中之序，亦非必不可破。于个人要变通，于社会用法律来规范。

四、结语

"半亩方塘一鉴开，天光云影共徘徊。"于书中悟道，自有其妙不可言之处，也其得意忘形之时。云水交映，光影闪烁，万事万物之间深刻的联系，似乎全然彰显于视野之中，明晰可见，豁然开朗。

《大学》一文，不过2000字的篇幅，其中却蕴含着一套深刻的政治伦理原则与社会道德规范。读懂它，我们似是认清了自身所处的位置，真正理解了祖辈相传的为人处世之道；读懂它，我们将更加走近"李杜"等士人阶层，了解他们的满腔抱负与悲伤遗憾；读懂它，我们将不再人云亦云，孔孟之道自有其光辉，可万世相传。我想，华夏儿女血脉中都传承着孔孟之魂，骨子里都向往着仁义礼信之道，这也许就是文化传统吧。

---

[1] （宋）赵顺孙纂疏，黄坤整理，《大学纂疏·中庸纂疏》，华东师范大学出版社，1992年9月版，第100页。

有书的冬天不怕冷（一）

甘肃省兰州市永登县第二中学　杨学栋

冬日的早晨，窗外风呼呼地吹着，漫天的雪花飞舞着，这样的天气待在家里最好了。打开电视机，是一档读书类的节目，文化名人马未都先生正在谈论关于读书的话题。节目中马未都先生有一个观点我非常赞同，大致意思是："如果你读的是专业书和教科书，不能真正叫作读书，真正的读书是你所读的杂书。"

在应试教育主导下的今天，判断一个学生学习好坏的标准就是分数的高低，考核一个好教师的标准就是所教的学生能够考高分。为了追求分数，学生看课外书的权利都被剥夺了，在学校的主要任务就是读教科书，除教科书之外的书都不许读。教师的读书也仅限于教科书和教学大纲，还有三年高考五年模拟题之类教辅资料了，真正地研读一些优秀文化典籍和文学类书籍的教师越来越少了。

张家港高级中学的高万祥老师在高一新生中进行了一项关于阅读的专题调查，有关数字令人担忧。比如只有40％的父母和50％的初三班主任要求阅读；在初三阶段，70％的学生很少去图书馆，18％的同学从未去过图书馆，近90％的同学很少或者不去阅览室；让他们写出几位中国古代的剧作家，统计数字竟然为"零"！张家港高级中学作为南方发达城市的学校，学生的读书情况尚且如此，地处西部落后地区的学生读书就更少了。学生读书少，除受应试教育的指挥外，社会对读书的不重视也是一个非常重要的原因。作为有着五十多万人口的永登县，只有一个很小的图书馆，里面只有一些老旧的图书，借阅图书的手续甚是繁杂，阅览室里也鲜有读者。有着近三千名学生的永登二中也只有一个逼仄的图书室，里面也只是一些与应试相关的杂志和报刊而已，根本不能说是一个图书室。农村很多家庭的藏书就是孩子的教科书了，或者是一些陈年的武侠、演义书籍。学生没有阅读的兴趣和习惯，社会和学校没有读书的氛围和空间，已经成为中国基础教育改革最突出的问题和危机。

在如此单调乏味、匠作般的教育中，我们能培养出什么样的学生来呢？余秋雨曾在《文化苦旅》的自序中说："我们这些人，为什么稍稍做点学问就变得如此单调窘迫了呢？如果每宗学问的弘扬都要以生命的枯萎为代价，那么世间学问的最终目的又是为了什么呢？"

"阅读，几乎就如呼吸一般是我们的基本功能。"《阅读史》里的这句话，再生动不过地表明了阅读和人的精神生命和生存的关系。我认为，在现代人的生命里，如果没有文学的字样，精神就永远是枯萎的，不能健康成长的。

很庆幸我还在坚持读书，在这个大多数人宁愿花几百上千元买一件时髦的衣服、吃一顿大餐、喝两斤好酒，但不愿花几十元钱买一本好书的当下，在很多人没有时间、没有心情静下心来读完一本好书的今天，在紧张的教书和繁杂俗务的空闲时间，在夜深人静的午夜，我能够安静地坐在书桌前，伴着一杯香茗，贪婪地品读一本又一本好书。从周国平的文章里，我感受到一个智者和哲人对生活的感悟和智慧；读陆建东的《陈寅恪的最后20年》，我了解了一位文化巨人在逆境中坚守的故事，坚守传统文化的价值，坚守"以诗证史"的学术思想，更坚守他一代鸿儒的高贵风骨和人格。余秋雨懂得用人性的眼睛观察世界，三千年的人类文明、三千年的文化历史在他笔下被展现得淋漓尽致；吴非的《不跪着教书》，是一位特级教师对应试教育的冷静思考和理性的批判，是对中国教育的未来和民族前途的担忧。执着也罢，顽固也罢，迂腐也好，读书带给我的思想情感的深化，生活信心的充满，和作者在心灵深处的共鸣，是不读书的人永远都无法感受和理解的。

"操千曲而后晓声，观千剑而后识器。"正是长期书籍的滋养，我在教学之余也尝试记一些读书笔记，写一些关于叙事类的文章，虽然没有在刊物上公开发表过，但发在QQ空间里也得到了许多好评。对我而言，无论是读书还是写作，都是生命的一种积累和完善，是对我的精神世界的一种重建和修

阅读篇——博观厚积丰富精神家园

补。人生不如意十有八九，读书可增添信心和力量，增添几许闲情和雅致。读书，也使我的教育人生更坦荡开阔。

快到上午时分，窗外的雪依然在下着，虽然不是很大，但寒风裹挟着雪花在空中飞舞着、翻腾着向地面飘去，公寓楼前的广场上白茫茫一片，在这样的天气里，静静地坐在暖气片旁边读书是最好的选择。但是很不凑巧，镇上的邮局打电话说有邮件到，我知道是前几天网购的书到了，毅然冒雪去了一趟邮局。回宿舍后，来不及抖落头发上、肩膀上的积雪，用冻得有点僵硬的双手迫不及待地打开包装，看一眼新书的模样，摸一摸精致的封皮，闻一闻油墨的芳香。这一刻，冬日风雪里的奔波和所经受的寒冷是那么的值得，心里突然想起前几日才从书里读到的一句话："有书的冬天不怕冷。"

有书的冬天不怕冷（二）

——三更有梦书当枕

甘肃省兰州市永登县第二中学　杨学栋

今天在阅读苏联教育家苏霍姆林斯基的《给教师的建议》时看到这样一句话："一个不读书的社会就是一个牢狱，一个不读书的人就如生活在这个牢狱之中。"他还说道："一个人在学校毕业后的教育主要是自我教育，只有当个人在上学的年代里就爱上书籍，学会从书籍里和周围世界认识自己的时候，他在毕业后的自我教育才有可能。"

我很庆幸童年时期受父亲的影响养成了读书的习惯，到现在还一直坚持读书，也非常喜欢读书。买书、读书已经成为我生活中重要的一个部分。父亲虽是一介农民，只上过小学，但甚喜读书，偶尔也买一些书回来。读小学时，我也经常随父亲一起读书，或是《封神演义》，或是《水浒传》《说岳全传》之类，虽然很多时候不求甚解，但也是略知其意，乐在其中。及至初中时，大哥赴金城兰州打工，回家时经常能带回一些从旧书摊上淘来的书，有《中学生作文》，也有金庸的《射雕英雄传》《雪山飞狐》《神雕侠侣》，还有《简爱》《战争与和平》《基督山伯爵》等世界名著。初二时，大哥的一位上了重点大学的同学送给他一本路遥的《平凡的世界》，我利用寒假的闲暇读了这本书，被孙少平的经历和奋斗精神深深地感染。这本书后来又多次读过，很多时候我把自己代入了书中，觉得自己就是少平的化身，少平在逆境中自强不息、不服输的精神激励着我努力学习、不断进取。

孩提时代的读书，是饥不择食、囫囵吞枣式的读书，也是忙里偷闲、偷摸的读书。既要完成学校里的功课和作业，还要帮家里干力所能及的农活。

阅读篇——博观厚积丰富精神家园

很多时候是在写完作业之后，在煤油灯下读书，在农闲之余的田间地头读书，或是在放羊时的山坡上读书。及至大学，学校的图书馆是我在课余时间去得最多的地方，除专业书籍外，也读了很多文学、哲学、经济学、名人传记等多方面的书籍，广泛涉猎了鲁迅、茅盾、郁达夫、徐志摩、季羡林、金庸、三毛、莫言、毕淑敏等作家的作品。

刚参加工作的几年，由于教学工作的繁忙和俗务的繁杂，很多时候没有安静的环境和平和的心境去读书，所读的书很多时候仅限于读一些教科书和一些与专业相关的书籍。结婚后，随着生活的逐渐安宁和内心的平静，工作相对顺心，再加上妻也是非常喜欢读书之人，也经常鼓励我多读书和买书，读书逐渐成为了我们生活中最重要的事情，成了我们生活的常态。在教书的闲暇，我们每人手捧一本书，就着一壶普洱度过一段又一段曼妙的时光。买书也是我们共同的爱好，每次逛书店都不会空手而归。这几年买书转战网上，更是淘了很多的好书：《爱的教育》《非洲三万里》《老人与海》《瓦尔登湖》《留德十年》《解忧杂货店》《苏东坡传》《人间词话》等，家里的两个书架都已经放得满满的了。每次买了新书回来，都是迫不及待地打开快递的包装纸盒，摸一摸精致的封皮，闻一闻油墨的芳香，是那么欣喜和愉悦，都不知道应该先看哪一本书才是。

现在作为教师的我，也非常重视对学生阅读习惯的培养。我在上课之余经常给学生讲述阅读的好处和方法，在讲课或者是自习课上看到学生有读课外书籍时并不是没收了之，通常是让他们讲一下这本书的情节，说一下读书的感悟，或者是我再推荐一些好书给他们，分享给他们我读书的方法和经验。2015年秋，我接任了高二（三）班的班主任。为了培养学生读书的习惯，方便学生借阅书刊，我发动学生建立了班级图书角。我召集班委会的几位同学从市场上买来了板材，自己动手制作了一个书架，并号召班里学生每人捐一本书，我把自己平时积累的一些《读者》《青年文摘》等杂志和一些书刊也拿了出来，又在校园的书摊上、网络上购买了一部分书籍，一些社会友人还赠送了几十本书，班级图书角就顺利建成了。我安排了一位同学担任专职的图书管理员，负责图书角的书籍借阅与整理。两年的时间里，图书角的图书借阅率非常高，成为班里同学汲取知识的一个窗口，也是班级的文化高地。我认为，一本好书，特别是经过时间沉淀和筛选而被后人认可接受的那些名家名著，是影响学生精神发展最优秀、最重要、最直接的媒介。

阅读是通往心灵的小路。苏霍姆林斯基说："我坚定地相信，少年时的自我教育是从一本好书开始的，并且表现为他能用最高的尺度——那些英勇的、忠于崇高思想的人们的生活来衡量自己。而如果少年的精神生活里只有上课、听课和单单为了识记而死记书本，那么这种自我衡量、自我认识就是不可能的。"他认为，一个人通过读书就会认识到人的精神的伟大，其灵魂就不会孤独。只有那些从人类财富中找到榜样的人，只有那些希望从那些财富中为自己汲取最宝贵东西的人，才能达到思想和生活的最高境界。

"三更有梦书当枕。"阅读带给我的快乐，是其他事情不能给予的；从书中所得到的收益，是福利之最，是价值大而且永不贬值的一种收入；在收获知识的同时，还可以拥有气质与品格。我认为，在这个世俗化的社会中，读书应当是宗教一样的行为。

阅读篇——博观厚积丰富精神家园

研 学 篇

——知行合一深植家国情怀

物有甘苦，尝之者识；道有夷险，履之者知。

兰州市施泽玉首席专家工作室领衔名师施泽玉决定带领她的工作室团队尝试一次研学旅行。带领学生们走出课堂，走进生活，用耳听、眼观、手感、脑思增添智慧，提高能力，真正实现"研学古今中外、赢得美好未来"的目的。

研学旅行，是游学的一种方式。古人有云："读万卷书，不如行万里路。"但研学旅行并不是一场说走就走的旅行，"学"才是根本。世间万物皆是学问，研学旅行让师生走向自然、走进社会，感受祖国的大好河山，感受中华传统美德，感受革命的光荣历史，感受改革开放的伟大成就，实现了身体与心灵、读书与旅行的结合。

纸上得来终觉浅，绝知此事要躬行。研学旅行让课本上的知识"鲜活"了，有利于学生拓宽视野、丰富知识，加深学生与自然的亲近感，丰富学生对集体生活方式和社会公共道德的体验。让学生在游玩的过程中学习和成长，学会团队合作，学会自我管理，学会感恩。同时锻炼自己的实践能力和处理问题的能力，还培养了自己的社会责任感、创新意识和对"美"的欣赏能力。

研学旅行，行走在自然中，思考在社会中，既远离课堂，又回归课堂。不仅是走出课堂，而且是将大自然搬进课堂，知行合一，将书本上的知识与社会实践相结合，这是让学生体验、感受并可以实践的教育方式。研学旅行通过变革教育方式，将成为培养学生核心素养的一个有力杠杆。

研学旅行，学行合一，止于至善。

顺应时代需求，彰显教育理念

——研学背景

　　研学旅行继承和发展了我国传统游学、"读万卷书，行万里路"的教育理念和人文精神，成为素质教育的新内容和新方式，提升中小学生的自理能力、创新精神和实践能力。

　　习近平总书记系列重要讲话要求教育工作者秉承"创新、协调、绿色、开放、共享"的发展理念，落实立德树人的根本任务，帮助中小学生了解国情、热爱祖国、开阔眼界、增长知识，着力提高学生的社会责任感、创新精神和实践能力。

　　2013年2月2日，国务院办公厅印发了《国民旅游休闲纲要（2013—2020年）》，纲要中提出"逐步推行中小学生研学旅行"的设想。

　　2016年11月，教育部等11部门印发《关于推进中小学研学旅行的意见》［教基一（2016）8号］，提出要将研学旅行纳入中学的教育教学计划，强调要将研学旅行作为理想信念教育、爱国主义教育、革命传统教育、国情教育的重要载体，突出祖国大好河山、民族悠久历史、优良革命传统和现代化建设成就。根据小学、初中、高中不同学段的研学旅行目标，有针对性地开发多种类型的活动课程。

　　中小学生研学旅行作为社会实践教育的一种新形式，是构建全面培养体系、落实立德树人根本任务的重要途径。研学旅行本质上是一种实践学习。学校应当积极践行"社会即学校，生活即教育"的教育思想，坚持"把学校打开"的课程理念，突破学校围墙对教育的阻隔，重新定义学校的边界，促进社会化学习，建设无围墙学校，把世界当作教材，把社会当作学校，把天地当作教室，让学生走进社会、走向大自然，让学生在社会实践中开阔眼界、增长见识、锻炼意志、强化责任，让学生具备开阔的视野、开放的胸襟和开明的思维。

研学篇——知行合一深植家国情怀

纸上得来终觉浅，绝知此事要躬行

——研学旅行过程

一、前期的准备

（1）兰州市施泽玉首席专家工作室在领衔名师施泽玉老师的带领下，认真学习教育部关于研学旅行的规定，领会其精神。《教育部基础教育一司关于进一步做好中小学生研学旅行试点工作的通知》规定："研学旅行是面向全体中小学生，由学校组织安排，以培养中小学生的生活技能、集体观念、创新精神和实践能力为目标，通过集体旅行、集中食宿的方式开展的一种普及性教育活动，是加强和改进未成年人思想道德建设的重要举措，是推动学校教育和社会实践相结合、全面推进素质教育的重要途径，重点突出全员参与、集体活动、走出校园、实践体验。"而且强调要加强宣传引导，广泛宣传研学旅行活动的意义，逐步引导大众转变教育观念，动员各方面力量支持研学旅行活动，要及时收集研学旅行活动的开展情况，宣传介绍试点过程中的典型经验和做法，做好示范引导工作，营造良好的舆论氛围。

施泽玉首席专家工作室成员经过认真的学习和讨论，结合我校实际，分析我们历史学科的具体特征，初步决定带领学生赴敦煌考察阳关、莫高窟和月牙泉。我们的计划得到了学校领导的大力支持，决定利用2019年中考时间开展研学旅行活动。

（2）制订《永登县第一中学2019年度研学旅行活动方案》。

工作室认真搜集了很多资料，研究了研学的可行性。协调与上级教育部门、学校和家长等方面的关系，制订了活动方案。在方案中明确了活动目的，进行人员任务分工，同时也确定了本次活动主要内容。

① 参观考察敦煌莫高窟，为课题"关于敦煌壁画色彩保护的调查研究"和"敦煌壁画中飞天形象的调查研究"搜集素材。

② 参观敦煌月牙泉，了解月牙泉特殊的自然景观。

③ 参观甘肃省敦煌市阳关镇库姆塔格大沙漠的边缘"沙漠都江堰"工程，为课题"利用虹鳟鱼养殖改善干旱沙漠地区生态环境的调查研究"搜集相关素材。

④ 访问"沙漠渔夫"何延忠，了解其改善生态兴业惠民的事迹。

（3）确定永登一中敦煌研学出行日程安排表（附页）。

（4）精心选拔学生成员。

因为本次研学我们带着研究课题出去，为了能高质量完成任务，选拔成员时，我们工作室规定了几点选拔标准：①学生的品德优秀（集体主义思想、关心同学、遵守纪律）；②学习努力；③对本次研学内容感兴趣；④面试。

认真筛选后，从高一年级选拔出12名学生，作为本次研学活动的核心成员。

（5）制订了《永登一中敦煌研学旅行活动安全应急预案》。

为贯彻落实"安全第一，预防为主"的安全工作方针，切实保障本次研学旅行活动的安全，特制订安全应急预案。主要内容有：

① 设立研学活动组织领导机构。

② 具体安全工作分工及职责。本次研学活动组织实施过程中的安全教育管理工作，实行按课题分组和按学生所在班级任课教师分组双重责任制。开展课题研究活动时，由课题分组责任教师负责安全管理；非课题研究活动时间，由班级责任教师负责安全管理。

③ 安全教育活动安排。为确保此次活动的安全顺利，学校于2019年6月15日上午10点召开参加研学旅行活动安排会，有针对性地对参加人员进行安全教育，诸如乘车安全、食品安全、物品清单等。

④ 应急事故处理。

⑤ 研学活动中的纪律要求。

我们把《永登一中敦煌研学旅行活动安全应急预案》打印分发学生，以便随时学习。

研学篇——知行合一深植家国情怀

二、研学旅行过程安排（见下表）

表6

永登一中敦煌研学出行日程安排表		
时间	出行安排事项	
出行人员	指导教师	黄忠武、施泽玉 执行成员：马建虎、费成祖、苗红琴、孙爱贞、李志祖、包丰年、陈慧宇
	学生	
6月15日	早上10：00	指导教师、学生与家长准时到永登一中办公楼二楼会议室开会，明确敦煌研学计划安排、纪律和安全问题
	下午6：00	指导教师与学生在学校门口集合出发（晚饭自行解决）
	出行车次 K9667	出发时间：15日下午19：07　　到达时间：16日早上8：10
6月16日	早上下火车集合；安排住宿（具体待定）、安排早餐	
	早上	学习参观莫高窟，采访导游和相关专家
	中午	安排午餐、给家长报平安
	下午	学习参观月牙泉
	傍晚	安排晚餐、给家长报平安、课题讨论
6月17日	早上 7：00-7：40	安排早餐
	早上	学习参观何延忠虹鳟鱼基地
	中午	安排午餐、给家长报平安
	下午	对何延忠进行访谈交流
	下午	安排晚餐、给家长报平安
	下午 5：30	指导教师和学生集合，回到敦煌车站
	返回车次 K9669	出发时间：17日下午18：46　　到达时间：18日早上7：39
6月18日	早上	指导教师与学生下火车集合；返回学校；解散回家

乘风而行，必有所获

——研学成果

"纸上得来终觉浅，绝知此事要躬行。"三天的研学旅行，学生们走出校园，在与平常不同的生活中拓展视野、丰富知识。但是旅行结束后，我们的研学任务还在继续，研学旅行的成果最终要以研学报告的方式呈现出来。

6月18日回来以后，"关于敦煌壁画色彩保护的调查研究""敦煌壁画中飞天形象的调查研究"和"利用虹鳟鱼养殖改善干旱沙漠地区生态环境的调查研究"三个课题小组在指导教师的组织下开始有序地整理搜集的相关素材，在报告中呈现研究背景、研究目的、研究方法、研究过程、感悟思考等。经过多次修改、打磨，于6月29日，三个小组分别完成研究报告和PPT汇报资料。

"关于敦煌壁画色彩保护的调查研究报告""敦煌壁画中飞天形象的调查研究报告"和"利用虹鳟鱼养殖改善干旱沙漠地区生态环境的调查研究报告"三个课题在2019年8月均获得永登县第一届青少年科技创新大赛一等奖。

图3

　　"利用虹鳟鱼养殖改善干旱沙漠地区生态环境的调查研究"课题经过小组再加工，进一步完善内容以后，修改名称为"敦煌市碧泊产业'沙漠都江堰'工程调查研究"，参加了第35届兰州市青少年科技创新大赛，于2019年12月获得三等奖。

图4

前行莫忘回头看

——研学思考

"只有回看走过的路、比较别人的路、远眺前行的路，弄清楚我们从哪儿来、往哪儿去，很多问题才能看得深、把得准。"习近平总书记的谆谆教诲启迪我们，应该在回看、比较、远眺后更好地前行。

我们的敦煌研学旅行活动收获满满，为今后的活动积累了宝贵的经验，也有许多地方值得反思。认真分析得在何处、失在哪里，进一步理清前进的思路，更好地筹划好自己的未来。

让"回头看"成为我们研学旅行路上的"加油站"和"助推器"，它让我们在短暂的回望和反思后，能更好地努力前行。

一、研学旅行一定要有明确的目的

研学旅行必须有明确的任务和周密的计划，研学过程中就更有目标、更充实，才能显现出研学的真正价值。

我们此次研学旅行设置了三个课题"关于敦煌壁画色彩保护的调查研究""敦煌壁画中飞天形象的调查研究"和"利用虹鳟鱼养殖改善干旱沙漠地区生态环境的调查研究"，每个课题由三位教师和四名学生组成。2019年5月22日我们就布置了研学任务，安排两周时间让学生从网络、图书等方面查阅资料、积累素材。6月15-18日研学旅行期间，安排学生拍照、录音、采访等任务。要求学生6月18日研学旅行结束后两周内在老师的指导下完成课题报告。各团队在任务目标下有计划地开始工作。

"利用虹鳟鱼养殖改善干旱沙漠地区生态环境的调查研究"小组提前准备

研学篇——知行合一深植家国情怀

很充分，学生查阅了古代阳关的历史知识，"水中人参"虹鳟鱼是冰川冷水鱼，可在祁连山雪山融水中养殖的知识，初步了解"沙漠渔夫"何延忠治沙养鱼的故事和中央电视台的相关报道。学生被何延忠的故事感动，也积累了一些疑问：沙漠里为什么会有洪水？沙漠里又是怎样养鱼的？当然，教师也同样疑惑，一时无法回答。我们6月16日终于到达阳关，参观了何延忠先生的甘肃碧泊产业敦煌飞天科技园。同学们仔细聆听王经理的讲解，又是录音又是记笔记，后来又对王经理进行采访，以解自己心中的疑惑。

到了敦煌莫高窟，"关于敦煌壁画色彩保护的调查研究""敦煌壁画中飞天形象的调查研究"两小组就紧张起来了，观看壁画格外认真，有问题围住导游不放，为完成任务积累了丰富翔实的资料。

二、把任务交给学生

有人说"哲理老人不但有善于思考的头脑，还长着敢于实践的双手和勇于跋涉的双腿"。这次我们工作室老师带领学生放下课本去旅行，有一个基本的原则，就是学生能做的老师尽可能不干预、不包办。在研学旅行中让学生用自己的眼睛观察社会，用自己的心灵感受社会，用自己的方式探究社会，这样学生会有更多的收获。在实践过程中，研究"飞天"形象的学生惊奇地说："我以前就没有想到有这么多的飞天，从我们的课题开始后，到哪个地方去，我都在找'飞天'，好像到处都有，如中国茅台酒标志、飞天纪念邮票、戏剧作品《丝路花雨》、上过春晚的《千手观音》、我们甘肃'兰州'香烟烟盒图案等。敦煌更多，莫高窟不用说，敦煌市城市建筑、广场、宾馆、火车站到处都是……细看起来都带有浓厚的西域风格，精美绝伦。"研究敦煌壁画色彩保护的学生不仅关注敦煌壁画，而且也在网上查阅资料，了解秦始皇兵马俑、云冈石窟等文化遗迹色彩保护方面的资料。甚至看到网上有人提出一种假设，说以后可能会研究出一种药品，可以让兵马俑恢复色彩，也让学生兴奋地讨论了半天。

三、研学旅行要有活动评价

研学活动结束后，要对活动进行综合性评价，坚持评价的方向性、指导性、客观性。

（1）对学生的评价。

评价的首要功能是让学生及时获得关于学习过程的反馈。教师对学生在研学过程中接受任务的难度、完成情况、完成质量、协作精神等进行深入分析和研究，挖掘其背后蕴藏的学生的思想、创意和体验，做出客观评价。这样可以激发学生的潜能和积极性，为更好地促进学生成长提供依据。要避免评价过程中只重结果不重过程的现象。

（2）对研学活动的整体回顾及评价。

大部分学校在推进研学旅行的工作中，缺少自身协调机制、监督与问责机制，也没有对研学成果的及时反馈及评价，随意化施行制约了研学旅行的有效开展。因此，在开展研学旅行的过程中，虽耗费了大量的人力、物力和财力，却并没有取得应有的教育成效。鉴于此，我们工作室在这方面做了很多卓有成效的工作。

做好写实记录。就是要指导学生客观记录参与活动的具体情况，包括活动主题、持续时间、所承担的角色、任务及完成情况。要及时填写活动记录单，并收集事实材料，如活动现场照片、采访资料、研究报告等活动记录，为综合实践评价提供必要基础。

建立档案袋。在活动过程中，就是要知道学生分类整理遴选具有代表性的重要活动记录、典型事实材料以及其他有关材料的编排、汇总、归档，形成较完整的活动档案袋，成为我们此次研学活动综合评价的重要参考资料。

评价研学效果。对比工作室在研学初预设的目标，总结我们目标任务的完成度（学生的安全是否保证，各小组完成研学旅行成果报告的质量，收集研学中许多新的收获）。工作室进行了认真客观的评价，坚决杜绝虚假宣传研学收获。

工作室在活动中获得的成果和积累的经验，成为后续研学旅行活动的宝贵财富。

四、要避免偏离研学旅行轨道的混乱现象

研学旅行作为一种新型的教育形式，要切实为"立德树人"的根本任务服务，以培养人才为根本目的。习主席在2018年全国教育大会上强调"要把立德树人融入思想道德教育、文化知识教育、社会实践教育各环节"。因

此，研学旅行必须精心设计活动课程，做到立意高远、目的明确、活动生动、学习有效，避免"只旅不学"的现象，要把研学旅行真正作为教育教学计划。但是目前的研学旅行出现了一些问题，歪曲了研学本来的目的。①强迫学生参加研学旅行。研学旅行活动应坚持"自愿参加"的原则，家长和学生可以自己选择参与或是不参与，并非强制一定要参加。学校可以把研学考评纳入学生综合素质评价，如果不参与这一项研学活动，也可以参加别的活动再拿到相应的学分。②搞形式主义。目前，全国许多地方都在红红火火地进行研学旅行的实践活动，有些学校为了应付形势，也为了在考核中让上级部门对其多加分，导致研学旅行活动质量低下、无吸引力，也出现了把兴趣小组活动、棋艺比赛、校园文化混同于研学旅行的现象。③缺乏对研学旅行教育价值的准确认识。但是很多学校对于研究旅行的教育意义、目标、主题等缺乏系统的思考，把研学旅行等同于传统的春秋游、夏令营等，陷入了"游大于学""只游不学""重游轻学"的怪圈，并没有让学生在思想、道德、身心、视野、认知等方面得到一定的提升与拓展，失去了研学的真正目的与意义。

研学旅行是一个知行合一、由知而信、由信而行、持续推进、逐步深化的过程。研学旅行应脱去华而不实的"外衣"，重视过程中的得失、体验、感受、活动效果、学生综合实践能力的提升等方面，实现教育目的的达成。

莫高窟壁画保护问题调查研究报告

研究小组成员：张　渊　倪洋洋　贾玉婷　石铭瑶

指导老师：施泽玉　包丰年　李志祖

图5

一、研究背景

习近平总书记说："文化因交流而多彩，文明因互鉴而丰富。"敦煌是丝绸之路上中西文明交融的载体，是中华文化璀璨的明珠。

敦煌石窟是建筑、雕塑与壁画结合的综合艺术，莫高窟壁画研究价值高，具有珍贵的艺术、历史、科学价值。敦煌莫高窟体现了我国古代劳动人民的勤劳与智慧，也反映出当时国家的强盛与发达。组织敦煌壁画保护的调

查研究活动增强学生的民族使命感、对文物的传承责任感和爱国主义精神。

在了解到敦煌壁画的重要性后，我们组织学生开展了关于敦煌壁画保护的一系列调查研究。

二、研究对象及内容

敦煌莫高窟壁画及壁画保护情况。

三、研究过程及方法

（1）通过学校选拔，选出四名学生（张渊、倪洋洋、贾玉婷、石铭瑶）成立一个小组确定并展开对敦煌壁画及色彩保护的课题研究。

（2）在老师的带领下前往莫高窟实地调查，对可参观洞窟进行观察。

（3）通过敦煌壁画数字中心了解关于壁画的发展。

（4）向导游及讲解员询问，且通过观察了解壁画受损程度及主要保护方法。

（5）通过上网查找资料与书籍，了解壁画保护时存在的不足与问题。

（6）小组讨论并整理资料。

四、研究成果

（一）地理历史文化背景

地理位置及气候特征：

敦煌位于甘肃省河西走廊最西端，地处甘肃、青海、新疆三省（区）交会处，全市总面积3.12万平方公里，其中绿洲面积1400平方公里，仅占总面积的4.5%，且被沙漠戈壁包围，故有"戈壁绿洲"之称。莫高窟位于甘肃敦煌市东南25公里处，开凿在鸣沙山东麓断崖上。莫高窟南北长约1600多米，上下排列五层，高低错落有致，鳞次栉比，形如蜂房鸽舍，壮观异常，是我国现存规模最大、保存最完好、内容最丰富的古典文化艺术宝库，也是举世闻名的佛教艺术中心。

敦煌气候干燥，年平均降水量39.9毫米，蒸发量2486毫米，全年日照时数为3246.7小时。这里四季分明，春季温暖多风，夏季酷暑炎热，秋季凉爽，冬季寒冷，年平均气温为9.4℃，属典型的暖温带干旱性气候。（参考资料见百

度文库）

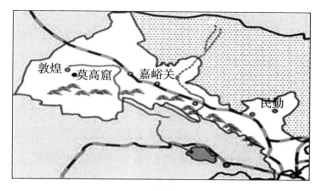

图6

敦煌莫高窟（地理位置如上图）艺术灿烂辉煌，其壁画艺术蔚为壮观，在中国的绘画艺术史上占有极其重要的地位。它汲取了东西方文化的影响，创造了独特的形象，从而成为中国乃至世界艺术史上的奇葩。敦煌壁画的题材、内容一般都是反映佛教或者与佛教相关的事物，其艺术目的的实质是借助于宗教的题材，曲折隐晦地折射出世俗生活中广大劳动人民的艰辛，以及对理想社会幸福生活的憧憬，因而从题材上来看，带有一种理想与完美的情怀。同时，壁画均绘于洞窟的四壁，大多没有画框，因而其壁画的构图形式同样也是无拘无束，抒写出创作者的自由心灵。

（二）壁画现状及保护方法

1. 壁画的现状

敦煌是人类最伟大、最辉煌的历史文化遗产之一，是世界上现存规模最大的文化艺术宝库。但如今，这个艺术宝库正遭遇前所未有的危机：周边环境恶化，风沙一年比一年大；沙尘侵蚀洞窟，窟顶一年比一年薄；病害蚀毁壁画，壁画变色，起甲甚至脱落……如不及时保护和修复，我们可能永久性地失去这些珍贵的文物。以第254窟为例：第254窟位于莫高窟石窟群南区中部二层，是北魏时代最具代表性的洞窟之一。主要病害有裂缝、空鼓、开裂、前倾、起甲、脱落、烟熏、污染、机械损伤、动物损害等。首先，主室东壁南、北侧裂缝、空鼓较严重，南侧裂缝有错位，地仗松动；其次，中心柱东南角下龛沿开裂，有坠落危险；中心柱西向面主佛颈部开裂，头部前倾；另外，窟顶、四壁和龛内的起甲、脱落以及整窟烟熏等，这些活动性病害存在着潜在危险，使该窟处在相对较高风险之中。

在参观过程中，我们注意到不仅壁画受到了很多损坏，窟内的许多壁画还出现了颜色变化，许多鲜艳的颜色如今成为黑色，最明显的是人物脸的颜色由原来的肉粉色变成了黑色。在讲解员的解说下，我们了解到敦煌壁画使用的颜料以天然矿物颜料为主，宋代多采用青绿色，给人清凉舒适的感觉，唐代采用蓝宝石、绿宝石，隋代以及早期采用青金石和孔雀石，不同的时代采用的颜料也不一样，从而形成了如今我们看到的壁画颜色。在接下来参观美术馆时，我们看到了陈列在橱窗中的一些颜料，多以蓝色、绿色为主。

图7

敦煌百年，百年敦煌。当今社会各界在为敦煌发现百年欢庆时，"多病"的莫高窟却为我们敲响了警钟：过半有壁画的洞窟遭遇病害，敦煌研究院此前一份《敦煌莫高窟北区洞窟及崖面坍塌原因探讨》报告也披露近年来莫高窟外部的北区洞窟及所在崖体坍塌严重。有人曾断言，如果不对莫高窟加以有效保护，50年或者100年内，它就会从人们的视线中消失。敦煌莫高窟不断扩大的病害现象，警示着我们对莫高窟的保护与治理刻不容缓。

2. 壁画的保护及方法

在参观莫高窟的同时，我们对讲解员进行了一次关于壁画保护的采访。

（1）壁画的保护现状现场采访。

小记者：请问工作人员对壁画的保护有哪些还是我们不太了解的？

讲解员：对壁画的保护有很多种。刚刚我们看到的第16、17洞窟中，里面的竹竿就是一种保护，它是为了防止底部的壁画向下脱落。还有我们在一些洞窟中会看到壁画上面有一层白灰，它也是为了防止壁画侧面继续掉落。像这样的保护方法还有很多。

图8

小记者：我们在前面参观的过程中看到了很多壁画的颜色不一样，您也讲了，是氧化等原因使壁画变了颜色。而用于壁画颜料的是蓝宝石、绿宝石等一些贵重的材料，那为什么还会发生严重的变色问题？

讲解员：壁画变色确实也是颜料的问题，像有些颜料中加入了铅，含铅分量不一样，也会使壁画变色。还有就是光照不一样，有些窟内的壁画我们会看到背光面颜色深一点儿，阳光直射面颜色浅一点儿。

小记者：莫高窟壁画十分珍贵，但它的损坏程度也很大，那请问在修复壁画的过程中，工作人员遇到的困难有哪些呢？

讲解员：颜色，怕现在的颜色和原来的不一样。还有就是，我们呼出的二氧化碳对壁画也是有影响的，原来进来参观壁画的游客没有这么多，随着游客越来越多，像这样的损坏我们还不太有办法修复。还有温度不一样，像很多洞窟到了中午时进去有一股酸味，这也是一个问题。

小记者：好的，谢谢您的解答。

（2）壁画保护的方法。

① 采用数字技术挽救洞窟。樊锦诗最先提出利用计算机技术进行敦煌壁画、彩塑艺术永久保存的思想，数字技术的真实录入有易于传播和无损复制

研学篇——知行合一深植家国情怀

等特点，将是永久性保存珍贵文物的最佳手段。目前，他们在文物图像采集与保存、文物历史复原、洞窟虚拟模拟、壁画图案创作等方面已经取得并掌握了一套成熟的技术和经验。

② 制定好游客管理对策。通过各种渠道汇总游客信息，了解游客来敦煌参观的基本动向，做出接待计划。制定讲解员工作流程图，规范讲解员全程为游客服务的程序与标准。扩大游客参观空间，可先将游客分流至陈列馆和其他特色陈列室，缓解洞窟压力。不定期进行游客调查，了解游客要求，从而改进窟内参观次序。

③ 中外联手保护文化遗产。世界上一切爱好和平、尊重人类历史的国家和人民都愿意携手共同保护自己的历史文化遗产。在历史文化遗产中，人类共同的文化遗产得到保护和再现，世界各国人民友谊不断加深。

④ 保护与管理的创新。随着现代化建设的发展，科学技术的突飞猛进，文物保护技术与管理工作正面临着许多新情况、新问题。因此，还须从理论上加强探索认识技术和管理本身与各个有关方面互相关系的规律，不断促进保护与管理的科学化，建立起完整的文化保护科学体系及管理体系。创新是科学研究和科技发展的动力与归宿。

3. 壁画保护的效果

自1944年敦煌成立保护机构以来的70年间，一代代研究人员坚持不懈为洞窟内壁画进行"体检"和"诊疗"。目前已通过科学手段使280多个病害石窟内的5000多平方米的病害壁画成功得到修复，焕彩重生。

4. 莫高窟壁画及壁画色彩的应用

2018年9月27日，"绝色敦煌之夜"演出在甘肃敦煌市举行。经创新设计，敦煌服饰文化走进生活，从古老壁画中提取的敦煌色彩，是演出的主题。设计师以敦煌壁画供养人画像为参考，提取青绿、土红、土黄、褐黑四大色调，推出了20套古代壁画再现服饰和80套创新设计服饰。这是迄今国内规模最大的敦煌服饰再现与创新设计活动。

图9

（三）总结

1. 我们对莫高窟壁画保护的一些建议

（1）相关部门通过影视作品、网络大力宣传莫高窟壁画的珍贵价值，并且介绍壁画的保护工作，让莫高窟壁画更加贴近生活，号召全世界人民保护壁画。

（2）相关部门建立健全关于保护壁画的法规，对不文明的游客实行罚款等措施，加大保护力度。

（3）在旅游旺季时，每隔四五天关闭莫高窟一次，进行修复。

（4）减少水分的渗入，防止壁画进一步酥减、空鼓、起甲等。设置防水层，保护窟内相对湿度的稳定。

（5）利用不活泼的气体甚至真空来防止壁画进一步变色。

（6）减少游客的参观量。甚至可以使游客坐在大厅中，利用立体技术，将游客仿佛身临其境地带入洞窟，以此减少参观量。我觉得这是一个最好的方法。

（7）维持当地的生态环境，减少风化等危害。

我认为，我们所能做的，仅仅是对这些文物进行尽可能的保护。没有什么是能永远保存的，即使有一天，这些文物真正消失在历史的长河中，我们的子孙后代也可以自豪地拿出这些资料，向世界宣告："这，是我们大中华的瑰宝。"

物品、遗迹都可能会消失，但它所代表的精神，所代表的文化，会铭记在每一个炎黄子孙心中！

研学篇——知行合一深植家国情怀

2. 研究结论

我们曾去过敦煌，今年再一次去观赏，发现对于保护来说，进步了很多，并且参观秩序也规范了很多。总之，在向好的方面发展。这不仅体现了国家对文物的重视，而且也反映我国国民综合素质的提高。

但是也还有不足，有游客触摸壁画，对壁画造成伤害。且壁画受到空气湿度、二氧化碳的影响，还在脱落。

对我们来说，观赏完敦煌莫高窟，最大的感受还是震撼。从莫高窟内部的建筑、壁画上的内容、壁画的色彩、佛像的构造，无一不体现了我国劳动人民的智慧、古代社会的发达，给我们留下了深刻的印象。我相信，随着我国国力的增强，人们越来越追求精神生活，必然会意识到它的重要性，并为我们有如此宝贵的文化产生深深的骄傲之情，为我们有一个强盛的祖国而感到自豪。

敦煌壁画是敦煌艺术的主要组成部分，规模巨大，技艺精湛，内容丰富多彩。它和别的宗教艺术一样，是描写神的形象、神的活动、神与神的关系、神与人的关系，以寄托人们善良的愿望，安抚人们心灵的艺术。

敦煌曾是被历史眷顾的地方，也曾是被历史深深遗忘的地方，这个地方拥有众多充满色彩与韵律的象征符号。敦煌石窟不仅是世界上著名的艺术宝库，还是一座丰富多彩的颜料标本博物馆。

洞窟内的佛像站得高、见得多，可是它却在历史的过往中保持着一贯的沉默，像尘埃一样，淡化着自己的存在，在更为深远的历史长河中显现着不可磨灭的光彩。

敦煌飞天形象在现实生活中应用的研究报告

研究小组成员：钱敏尚　久　玲　邓志成　吴晓娇
指导老师：孙爱贞　费成祖

图10

一、研究背景

　　敦煌是古丝绸之路上的重镇，如今更是"一带一路"经济带的重要组成部分，敦煌莫高窟正是在这条连通了经济、文化的交通要道上的一颗璀璨的艺术明珠。敦煌飞天，是我国文化中不可多得的瑰宝，是甘肃敦煌莫高窟艺术宝库中绚丽的一笔。为了更深入地了解敦煌飞天形象在现实生活中的应用以及影响，感受飞天文化的魅力，宣传甘肃文化，我们课题小组前往敦煌莫高窟进行课题研究。

　　研究报告以现有史地资料为背景，运用实地调研与现有史料相结合的方

法，尽量翔实地报告了飞天形象在生活中的各种应用及应用方面的不足，并联系史料，通过小组成员的自我见解和理性分析的研究思路完成本次研究性学习。

二、研究过程

首先，我们小组在去敦煌之前，特意寻找了关于敦煌飞天形象及其鲜明的艺术特点的资料。

敦煌飞天形象来自于佛教的"乾达婆"（天歌神）和"紧那罗"（天乐神），经由丝绸之路传入我国。首次出现在敦煌莫高窟的石壁上是在五胡十六国时期的壁画上，当时的飞天还保留着最初似人非人的形态。在传入中国之后的千年时光中，文化的交流和碰撞也使飞天的形象发生了很大的变化。

最古老的飞天形象，是莫高窟第275窟北凉时期壁画中的飞天，依然是最为原始的飞天形象。在之后的飞天形象的发展中，这种特点越来越少，渐渐带上了中国本土特点，如第285窟的北魏飞天、第249窟的南朝飞天、第172窟的盛唐飞天，以及中晚唐时期的飞天和宋元时代的飞天。时代越往后，其形象的中国特色越明显。

飞天具有极高的美学价值。第一是飞天的人物形象之美，中国飞天形态各异，面容姣好，美丽多姿；第二是飞天的服饰之美，敦煌飞天的服饰色彩绚丽多变，造型别致，饰以丰富的图案，将东方特有的艺术特色与西方特点相结合，令人记忆深刻；第三是飞天的装饰效果之美，在壁画中，常用莲花、祥云等寓意吉祥如意的装饰品进行点缀，给人以灵动、纯洁的美感。

其次，我们于2019年6月15日至17日去敦煌莫高窟进行了实地调查研究。

在敦煌，随处可见的都是与飞天形象有关的物品。飞天是敦煌的标志，所以敦煌的路灯被做成了飞天的形象，两位飞天向着相反的方向翩翩起舞，身姿飘逸优美；在敦煌火车站、站台的地砖上、候车大厅外部的墙上以及火车站大门处，都有飞天的浮雕和雕塑（如图22），或起舞，或散花，姿态美丽，灵动优雅；在敦煌城区党河的岸边，我们拍摄到了墙上彩绘的一男一女飞天形象，反映出了飞天形象最初是一对夫妻的说法；敦煌市中心的雕塑，正是莫高窟中最为著名的飞天反弹琵琶雕塑。

图11

图12

图13

　　另外，飞天作为甘肃的一张明信片，有不少文创产品和包装上也应用了飞天的形象。如在敦煌买到的书签和丝巾上（如图26），就印有飞天的图案；在莫高窟数字中心通往莫高窟的大巴车身上，也有飞天出现；而我们所

知道的"兰州"牌香烟，包装盒上也使用了飞天形象；在舞剧《丝路花雨》《又见敦煌》中，则直接使用了敦煌飞天作为舞剧的主体。

图14

图15

飞天形象也成为一些重要中国品牌产品的商标。1915年至今，贵州茅台酒共获得15次国际金奖，连续五次蝉联中国国家名酒称号，是大曲酱香型白酒的鼻祖，有"国酒"之称，是中国最高端白酒之一。为了利于外销，1958年，茅台酒厂决定让外销的茅台酒改头换面，使用敦煌壁画中的"飞天献酒"图形作为外销商标（图27）。就在20世纪60年代，茅台酒外销商标正代改为"飞天"。"飞天"商标当年属中国粮油食品进出口公司贵州分公司所有。

图16

在研究中，我们通过采访莫高窟的工作人员发现，由于莫高窟壁画在过去的几十年里未能进行及时保护，壁画的色彩脱落、损坏十分严重，很多飞天的面部变色或衣饰色彩脱落。因此，保护敦煌莫高窟的宝贵文化遗产已成为各个文化研究院及政府的重要任务。

三、研究结论

在此次学习中，我们得到了如下几点结论：第一，我们了解到了敦煌飞天是何时出现在我国以及飞天形象在我国的发展历程。飞天在我国的历史很久远，更是我国古典艺术宝库中的一颗明珠。第二，我们对于飞天形象的艺术价值有了一定的认识，并且明白了保护敦煌文化遗产，每个人都应尽自己的一份绵薄之力。第三，我们找到了许多关于飞天在现实生活中的应用，让我们体会到了飞天文化应用的广泛。敦煌飞天知名度的提升，为甘肃省的文化发展和经济发展带来了机遇与前景。

但我们也发现，敦煌飞天在应用与宣传方面做得还不够，还有很多人不了解飞天；在莫高窟的文化宣传方面也有所欠缺，大部分人不知道莫高窟的宝贵，没有认识到莫高窟文化遗产保护的重要性。

所以我们认为，真正的文化遗产应当被世界上的每一个人所知，我们应当加强对敦煌文化的宣传，让飞天的东方风韵传播到甘肃、全国，直至世界。

四、小结

"万里敦煌道，三春雪未晴。"故去千载的漫漫黄沙下，这座名为敦煌的城屹立在河西走廊的西方。这里大漠的苍凉、朔北的寒冽，在烈阳下同时书写。敦，大也；煌，盛也。人们早已用大气之象将这座古城镌刻。

拨开尘沙，溯洄千年，随敦煌而来的，有敦煌城东南的莫高窟，还有莫高窟惊鸿一瞥的飞天。

时光奔流，千载逝去，风沙覆盖住王朝的更迭，灯火映照着盛世的余晖，飞天悄然走进我们的生活，飞天的形象也在各个领域有了不同的应用。飞天形象所体现出的历史价值、美学价值，也让人喟叹不已。

在此次研学活动中，我们奔赴敦煌古城，进行"飞天形象在生活中的应

用"的课题研究。通过查阅史料、留心城市细节，以及和当地商铺、居民、游客进行交流等种种方法，我们搜集到了大量资料。

结合对课题的更深一步分析，我们不再局限于原有的认识，对课题有了更全面的、更新的看法和观点，对课题进行了更深入的研究。小组成员各司其职，能完成独立自主的思考和团队协作的研究报告，对各方面的问题都能较好地处理完善。但在研学过程中，依然有着不可避免的困难，例如飞天形象的应用在各个方面都有涉及，因此我们对所有的资料整理就较为不易，要求既要翔实又不可烦琐，简洁而明了地完成报告要求。

"路漫漫其修远兮，吾将上下而求索。"在小组成员的共同努力下，我们完成了报告要求，努力达到了报告水平，让我们对"一分耕耘，一分收获"有了深刻的体会，通过切身实践明白了"用心就会出成绩"的真谛。

五、课题心得与体会

在此次研究性学习中，小组成员分工明确，积极查找资料，活动中认真完成任务，齐心协力完成课题。这次活动让我们真正体会到了中华文化的博大精深以及传承文化的必要性，增强了我们的综合能力，拓宽了我们的眼界。作为一名甘肃人，我们认识到了家乡丰富的古代文化遗产，并决心使它被更多人知晓、了解。

这次活动使我们受益匪浅。漫漫人生路，我们会记住这次活动的感悟，在未来更好地绽放。

研 训 篇

——示范引领形成辐射效应

　　"教师是教育事业发展的中流砥柱，承载着国家兴旺、民族振兴的伟大使命。"教师队伍建设在教育发展过程处于举足轻重的地位，鉴于此，教育部门越来越重视教师队伍的培训，全面提高教师的素质，最大限度地激发教师的潜能，从而提升教育价值。

　　兰州市施泽玉首席专家工作室在领衔名师施泽玉的率领下，逐步成长为一支"师德高尚、理念先进、教研先导、教学有方"的高素质历史教师团队。工作室充分发挥工作室在教育教学和教科研等方面的示范带头和辐射作用，有力地促进兰州市历史教师专业发展。兰州市高中历史施泽玉名师工作室团队依据兰州市教育局的要求，组织和参与了多次对基层历史教师的专题培训活动，组织了多次"送教下乡"活动。工作室的目标是努力使广大教师做到"五个提高"：一是教育教学理念提高，二是专业知识水平提高，三是课堂教学技能提高，四是教育创新能力提高，五是教育管理水平提高。

挖掘历史素材能量，提升历史课堂品质

永登县第一中学　马建虎

一、课程资源开发的背景

在我们的教学实践中，一直存在一些"不变"与"变化"的矛盾因素，影响着我们的教学。

1. 不变

（1）历史学科知识内容非常丰富，但历史教材是整个历史过程的高度浓缩。每一课的内容都是有限的，并且和整单元内容对比，又具有相对独立的特点。

（2）课本一经编定，就会使用若干年，保持不变。

（3）课本的逻辑顺序往往按照历史事件的时间、原因、经过、意义、影响、评价等程式化的方式。

2. 变化

（1）全球化经济发展中，社会形势在不断变化，如新的科技成就、新的经济增长点、新的贸易冲突、新的地区冲突、不断演化着的国际关系、国内形势、经济的稳定持续发展、中国特色社会主义新时代理论的提出与深化、中外关系处在不断调整中等。

（2）高考在变化。《考试说明》中的命题指导思想规定："考查内容的呈现不拘泥于不同版本教科书的具体表述，重视'新材料''新情景'的创设与运用，鼓励考生独立思考和创造性地解决问题。"事实上，每年高考试题涉及的"新材料"就是史料文本，充分发挥了史料的价值意义，成为新高

考的命题规律和趋势。（基本上是无"史料"不成题）

（3）历史学科五大核心素养提出新的要求。把学生发展成为有宽厚文化基础、有更高精神追求的人。①具有深厚的人文底蕴。主要是学生在学习、理解、运用人文领域知识和技能等方面所形成的基本能力、情感态度和价值取向，具体包括人文积淀、人文情怀和审美情趣等基本要点。②具有理性的科学精神。主要是学生在学习、理解、运用科学知识和技能等方面所形成的价值标准、思维方式和行为表现，具体包括理性思维、批判质疑、勇于探究等基本要点。

这种"不变"与"变化"的矛盾与困惑该如何解决呢？

因此，在新课程改革中，课程资源的开发利用意义重大，死守着课本显然是不行的。教学素材作为重要的课程资源，为课程目标的实现提供了资源上的保证，对转变课程功能和学习方式具有重要意义。它可以超越狭隘的教学范围，让师生的生活和经验进入教学过程；也可以改变师生在教学中的地位；还可以开阔教师的视野，转变教师的教学观念。历史素材的引入可以提高学生学习的兴趣，为课本提供历史实证，有利于培养学生的历史解释能力。从教学目标看，有利于学生价值观的形成和升华。在课程改革的背景下，历史教学素材的作用比以往任何时候都重要。

二、挖掘历史素材的实践

历史素材内容非常广泛，我主要针对提高课堂兴趣、培养学生能力、升华课堂品质方面，讲述三部分历史素材的应用与实践，即身边的历史素材、历史小故事、时政热点。

历史就在我们身边
——身边的历史素材

主要内容包括地方史、地方历史文物和古迹、地方特色经济和文化、地方风俗与社会生活等方面的历史素材。身边的历史素材在课堂中呈现出来的效果是迅速拉近历史与现实的距离，使学生对遥远的历史产生亲切感——"历史就在我们身边"。

我们先看一看一些全国的名师是怎么做的。

散舟火海

案例一：兰州牛肉面折射全球化

2018年，永登县中学历史教师培训活动中，永登一中费成祖老师做课《世界经济的全球化趋势》。他的导入非常别致，从兰州牛肉面说起。兰州牛肉面，是"中国十大面条"之一。它以"汤镜者清，肉烂者香，面细者精"的独特风味和"一清（汤清）、二白（萝卜白）、三红（辣椒油红）、四绿（香菜、蒜苗绿）、五黄（面条黄亮）"，赢得了国内乃至全世界顾客的好评。并被中国烹饪协会评为三大中式快餐之一，得到"中华第一面"的美誉。这大大激发了学生的自豪感，大家情绪高涨。接着他讲到，兰州牛肉面正在沿"一带一路"走向全球，参与国际市场。目前，经营范围已经扩展到美国、英国、加拿大、澳大利亚、尼泊尔等国家和地区，开设兰州牛肉面店100多家，将兰州牛肉面打造成"中华第一面"，国际化经营将是今后发展的方向。在学生兴奋、惊讶的神情中，轻松衔接世界经济全球化的主题。正好临近中午，他展示了清晰精美的牛肉面图片，勾起了学生的食欲和注意力，然后幽默地问学生："是不是想吃了？"

据兰州市商务局相关负责人介绍，目前走向世界的兰州牛肉拉面馆已达到110余家，分布在世界40多个国家和地区。

——中国甘肃网2018年4月3日

官方最新统计，目前走向世界的兰州牛肉拉面馆已达160多家，分布在俄罗斯、加拿大、新加坡、美国、巴西等40多个国家和地区。

——《兰州拉面的高速发展历程》简书网2019.01.19

接着再问："饭吃完了，是不是再吃点水果？"展示水果图片"南非橙""新西兰加力果""华盛顿青蛇果""西班牙斗牛橙""缅甸大西瓜"。费老师说这些水果照片都是在永登（兰州市的小县城）的超市拍的，学生一阵惊呼。

这说明人民日常生活品已经实现了全球化。

在学生兴奋、惊讶的神情中，轻松衔接世界经济全球化的主题。

类似案例还有"兰马"赛事。"兰马"赛事正是兰州借船出海、借势扬名、乘势发展的大好良机。目前，全球只有30多项国际田联金标赛事。其中，兰州国际马拉松2018年被中国田协评为金牌比赛，被国际田联评为金标比赛，是国内第七个国际金标赛事。这也是兰州走向全球化的典型事例。

案例二：林则徐在永登红城

红城大道佛寺

图17

我在《鸦片战争》一课教学中说到林则徐时，就应用了我们家乡《永登县志》的资料："1842年林则徐自兰州境内起程，行70里，宿于苦水驿，在红城驿（今红城镇）进午餐。应当地官民请求，林则徐题写了'善民福地'的匾额。宿于南大通（今大同镇），到（永登）县城吃饭。"今天，红城大佛寺的一张匾额上就写着"善民福地"这四个字。乡土历史的引入，既吸引了学生的注意力，大大增强了学生对历史的亲切感，又能激发学生热爱家乡的情感。红城镇的学生在课堂上更是兴奋。我想，他们一定会到大佛寺去认真地看一看，一定会把这样的故事告诉他的爸爸妈妈、同学、朋友。弘扬爱国主义的关键落脚点即为深爱自己的家乡。有人说："人类所拥有的仅次于父母对孩子的爱、仅次于这个最强烈的本能，就是对自己故土的热爱。"（中国人落叶归根的传统，离家远行带一抔乡土）从课堂效果看，这样设计无疑是唤醒家国情怀有温情的操作。

案例三：兰州洋务运动的曙光

高中历史必修二第9课《近代中国经济结构的变动》，介绍了号称大清中兴的洋务运动。洋务运动创办了军事工业、民用工业、现代海军、新式教育，创造了中国的很多个第一。课本上讲到的企业，都在沿海地区和长江流域。为了提高兴趣，我就问同学们：那个时候我们甘肃在干什么？有没有搞洋务企业？有个别学生说有，还有学生说不可能，更多学生则一脸茫然。

在课堂中，以我们甘肃创办的洋务企业为例就非常有吸引力。

在"洋务运动"的影响下，近代工业也一度在闭塞落后的甘肃闪现出一缕亮光。甘肃洋务运动的推行，洋务工业的兴办离不开左宗棠。可以说，他在甘肃近代工业的萌芽中起过十分重要的作用。

1. 兰州制造局

1872年，"新栽杨柳三千里"的陕甘总督左宗棠来到兰州（这一年3月12日曾国藩病逝），首先在兰州创办了兰州制造局。所制造的后膛七响快枪、螺丝大炮、车轮来复后膛炮、鸡脚架劈山炮等产品，精巧灵活，其技术已达到当时的世界水准。

兰州制造局旧址

图18

这些武器在1877年左宗棠收复新疆的战争中发挥了极大的威力，开创了自鸦片战争以来的三十七年中，第一次使用本国近代工业生产的武器战胜外国侵略者的先例。

看过电视剧《胡雪岩》和《乔家大院》的人，肯定还记得在《胡雪岩》中，那个红顶商人胡雪岩给左宗棠借款30万大洋的镜头；也肯定还记得在《乔家大院》中，慈禧太后向乔致庸借款送给左宗棠，并让其随左宗棠的大军运送粮草的镜头。这两段镜头再现的都是真实的历史，只不过人们看过之后，只知其然，不知其所以然。

一位熟知兰通厂历史的职工说："其实，两部电视剧中再现的左宗棠所借款项，除了用于部队粮草之外，还用这些款项从德国进口了当时最先进的设备，筹建了兰州制造局，那就是兰通厂的前身。"1953年，兰州制造局改为兰州通用机器厂。

2. 兰州机器织呢局

1877年，边疆大规模的军事行动结束，左宗棠把"洋务运动"的重心从军工转向民用工业。

1878年创建的兰州机器织呢局，花费资金达200万两。它的筹建可谓历尽艰辛。据当时北京的《天国报》记述，从德国购买的机器，经上海"于一八七九年由招商局轮船运到汉口，笨重地摇曳向它的目的地。至汉口，机器上了陆，更以小船或人肩载过到兰州府。因之，好多的时光是消磨在运输上了"。这批设备于公元1880年9月安装完毕，兰州织呢局便开始正式投产。它生产的品种有军呢、军毯、西班牙条纹布等，质量上乘，价格又比洋呢便宜，产量最多时每日达100丈。被称为兰州近代民用工业鼻祖的织呢局使偏僻落后的甘肃地区一时气象更新，为全国注目。

3. 甘肃贡院规模宏大

在创办甘肃近代工业的过程中，人才的匮乏使左宗棠深感教育的重要性，于是他又把目光投注在人才的发现和培养上。他命令各府州县兴办私塾、义学，设立书院。

他奏准朝廷使陕、甘两省乡试分闱，设立甘肃贡院，在甘肃的文化教育史上大书一笔。

甘肃原属陕西行省统辖。清康熙五年，甘肃与陕西分治，设甘肃布政司，甘肃成为独立的行省。1738年，甘肃行省中心由临洮府治迁驻兰州，而陕甘学政仍长驻陕西三原县，甘肃学子参加三年一度的乡试必须跋山涉水，千里迢迢前往三原赴试。当时宁夏、青海都属甘肃管辖，地域辽阔，交通不便，学子参加考试困难更多，有的学子未到考场便倒毙在途中。

1873年，左宗棠向朝廷上了《奏请甘肃分闱院》的奏折。翌年，左宗棠的奏疏被清廷批准，他立即向各州县募集白银50万两，在兰州袖川门（今兰医二院）建设贡院。1875年落成的甘肃贡院，其规模之大，为各省罕见。……据说一次可接纳4000名考生应试。甘肃贡院落成的当年，由左宗棠亲自担任主考，举行了陕甘分闱以后的第一次乡试，参试者达3000人，盛况空前。当时的第一名举人就是兰山书院的高材生、日后被誉为"陇上铁汉"的安维峻（曾弹劾李鸿章和李莲英）。

——《百年甘肃》

左宗棠为甘肃贡院大门书写"为国求贤"四个大字，并亲书"至公堂"匾额。

兰大二院于2015年全面启动保护修缮工程，修缮后的甘肃贡院较好地保持了初建时的风貌，并恢复到了百余年前"雕梁画栋"的庄严雄姿，并改造为甘肃科举博物馆，于2018年正式开馆。它是以甘肃贡院历史遗迹为基础，以至公堂、观成堂等遗存为前提修缮完成。

兰州的社会历史变迁与历史上的洋务运动就这样连在一起，历史还遥远吗？一方面，以身边的历史作为情境的设计迅速带领学生投入历史学习；另一方面，学生在课余时间有更多的兴趣去搜集和研究永登的历史、兰州的历史、甘肃的历史。

这就是家国情怀的培养。

案例四：兰州中山桥和孙中山

2018年，施泽玉名师工作室参加新舟中学连片教研活动，费成祖老师做《三民主义形成与发展》的公开课。费老师的导入就是从兰州中山桥开始的。

费老师问学生中山桥为什么叫"中山桥"？有些学生说不知道，有些学生猜可能与孙中山有关。学生的回答不确切，于是费老师便娓娓道来：

中山桥，建于清光绪三十三年（1907），历时三年完成。有"天下黄河第一桥"之称。到1989年，铁桥安然度过80年，用时间证明了工程的质量，兑现了承诺。1989年，铁桥保固期满后，德国有关方面曾致函兰州市政府，在询问铁桥状况的同时，申明合同到期。1992年，在首届丝绸之路艺术节期间，兰州市政府在桥头竖碑，第一次将铁桥作为"中国对外开放的象征"。如今已过百年，铁桥依然屹立在黄河之上。

中山桥初名"兰州黄河铁桥"，后改称"中山桥"。

1928年，为纪念孙中山先生，由当时的甘肃省主席刘郁芬手书的"中山桥"匾额被悬挂于铁桥南面的牌厦上，"第一桥"从此改名"中山桥"，沿用至今。

接着，费老师的导入就像长焦镜头一样，从兰州中山桥转到广州的中山大学，再到南京的中山陵，最后放大镜头对准中山陵祭堂上面的"民族、民权、民生"字样，引入主题"三民主义"。

讲到这儿，我们来说一说爱家乡和家国情怀的关系。

苏联教育家加里宁说："爱国主义教育是从深入认识自己家乡开始的。"对于家国情怀来说，个体的人永远是第一位的。家国情怀的基础是人文情怀，关注人的权利、尊严、责任、担当。"先有人，再有家，后有国"，这是探讨家国情怀的基础和前提。这个观点实际上回答了许多老师的一个困惑：爱国主义是家国情怀的重要组成部分，社会和国家是由"个人"和"小家"组成的。家国情怀应含有"爱人爱家"之意，并以此为前提，汇聚成一个更大的情感共同体——爱国主义。因此，家国情怀并不一味指向爱国。其内在具有"家人、家乡、家国"的逻辑含义。

所以，国家是扩大的家乡，而家乡是看得见的祖国。爱国主义应深深根植于乡土情怀，不要陷入教条式的空洞说教。

案例五：红军长征在甘肃

初中八年级《中国历史》上册第17课《中国工农红军长征》和高中历史必修一第15课《国共的十年对峙》都涉及红军长征的内容。2019年5月9日，上海晋元中学特级教师李惠军在武威八中展示了初中红军长征一课。李老师虽年近花甲，讲起课来却激昂澎湃、神采飞扬，从课前和学生交流到整个课堂过程，都能紧紧地抓住学生。讲到动情处，有些学生都哭了。课后的说课环节，李老师说，为了准备这节课，他参考了100多幅关于红军长征的油画和毛泽东长征时期所有的诗词，又翻阅了好几本有关长征的书籍，调查了很多老红军的事迹，才完成本节课的设计。

听完李老师的课，我想起几年前，我们历史组的王有龙老师就做过《红军在甘肃》的市级课题。甘肃是长征部队到达最全、活动时间较长、行经地域较广的地区。也正是在这里，中国工农红军25000里长征胜利结束，诞生了中国西部最早的红色革命政权。红军在甘肃的事迹很多，这些都是很好的乡土历史素材。

1. 哈达铺——红色圣地

（四张标签：岷县当归、阴平古道、红军加油站、长征定方向）

哈达铺三国时为"阴平古道"（即今宕昌、武都、文县沿岷江、白龙江、白水江一线），魏将邓艾当年即从此入川灭蜀。

哈达铺

图19

哈达铺盛产当归，由于哈达铺当时隶属岷县，所以叫岷归。

1935年9月，红军长征到哈达铺。中央红军在哈达铺有两件大事：一件是"加油站"；一件是"定方向"。红军在那里意外地截获了一批报纸，包括《大公报》《民国日报》，如此僻远的深山小镇能获得报纸，的确出人意料，大概是因为哈达铺盛产当归等药材，所以镇子虽僻，商户往来却频，为方便客商了解外界信息，才设了邮政代办所。这批报纸让红军获取了许多有用信息。在《大公报》上还刊登红二十五军徐海东部到达陕北与陕北红军刘志丹部会合的消息。毛泽东喜出望外："原来红军还有这么大一块根据地！"遂当机立断，于1935年9月22日，中共中央在哈达铺召开了红军团以上干部会议。放弃建立川陕甘根据地的原定计划，到陕北去！解决了长征以来悬而未决的长征落脚点问题。哈达铺镇也被称为"决定中国工农红军长征命运的重要决策地"。

2. 通渭县文庙街小学，毛泽东首次朗诵《七律·长征》

1935年9月，红军攻克天险腊子口，翻越岷山后，红军终于摆脱了雪山和草地，告别了风餐露宿、荒无人烟和吃草根树皮的原野生活。红军将士们就像要回家一样，下山时像潮水般涌下去。在这样的情况下，毛泽东触景生情，诗兴大发，有可能开始对这两首诗词打腹稿。

中央红军留给通渭人民的一个永久记忆是，毛泽东在干部会议上即兴朗诵他的《七律·长征》。通渭县文庙街小学，这是一所具有百年历史的书院。如今院子里的操场上，有一块"毛主席首次朗诵《七律·长征》处"的纪念牌。

从此，通渭县文庙街小学也跟着这首世界闻名的诗词名扬天下，载入红军长征和中国革命的光辉史册。

2001年，文庙街小学被列为爱国主义和国防教育基地。长期以来，学校除了重视抓文化教育质量外，还增加了诗词朗诵特色课，全体教师和学生人人参加，读毛主席的诗词、读长征的诗词、读中国优秀诗词，写新诗、写歌词，抒发豪情、抒发斗志已蔚然成风。

3. 会宁会师

红军长征中先后举行过多次会师，而1936年10月红军三大主力在甘肃会宁地区的会师，是其中规模最大、影响最广、意义最深远的一次会师，是长征胜利的标志。

会师门是如今甘肃会宁县最为安宁平和的风景，不远处的红军长征胜利纪念馆里，当年红军留下的文物依然陈列如新。这座城门始建于明朝洪武六年，过去叫作"西津门"。

会师地点的选择，是党中央领导共同商定，将会师地点选在会宁。

1936年10月2日清晨，红军胜利攻占了会宁县城。10月10日黄昏，晚霞染红会宁的万里晴空，庆祝红一、四方面军会师的联欢大会在会宁文庙开始。两军战友在一年多的时间里经历了会合、分离、再次会合，他们放下背包枪支，互相拥抱，联欢会进入高潮，整个会宁城沉浸在欢声笑语中。

这座陇原小城度过了一个不眠之夜。这一夜，将被历史长久地记住。

"长征是宣言书，长征是宣传队，长征是播种机。"会师是会宁人眼中永不磨灭的历史印记。原先的西津门在红军浩浩荡荡通过之后，改名为"会师门"。坚韧不拔的长征精神，至今依然牢牢植根于人们心中。

在我们的教学中，要充分挖掘甘肃的红色故事，传承红色记忆。

课堂之外也可以组织一些主题活动。"同唱红色歌曲，纪念红军英烈""继承英烈遗志，弘扬长征精神，争做时代先锋""缅怀革命先烈，学习光荣传统，提高道德素养""弘扬长征精神，建设美好祖国""争当红色接班人"，以及"红色家庭游"等形式多样的主题活动，把长征精神、会师精神和鲜活的时代精神结合起来，把其内在的精神传承下去，使学生成为革命精神的传播者、红色文化的弘扬者。

研训篇——示范引领形成辐射效应

故事是历史课的灵魂
——历史小故事

在历史课堂上，公开讲故事似乎是不务正业，而且感觉讲故事贬低了历史课的价值，历史是一门有深度的知识，老师应该介绍历史学者的专精研究，怎么可以转述电视机里或坊间书店的稗官野史？

当今历史教学中的历史知识越来越呈现出"理性化"特征，历史知识的严明性、逻辑性和准确性超越了人的主观意识和合理想象。如果教师还讲一些干巴巴的东西，历史就失去了人性的温度，失去了感性的力量。事实上，历史小故事最能打动人心，让高中刻板理性的内容变得生动起来，让历史知识更加细腻，让历史更加直观，让学生了解得更加详细透彻。历史教学中引入故事，在于学生思维在很大程度上是一种叙事性思维，而故事恰恰能顺应这种思维，这也是学生喜欢听故事的原因。

从上述视角看待和把握故事，对历史教学就有了新的意义。故事不仅能增加学生的学习兴趣，更为重要的是，它是另一种思维方式。通过故事，学生更容易感悟历史知识，体验历史知识中蕴含的思想、情感与价值。

案例六：诸葛亮的眼泪

2017年6月13日，兰州市高中历史施泽玉名师工作室一行10人来到江苏省扬州中学参加首届全国青年教师论坛暨历史名师工作室年会，聆听了张元老师《历史学习的细节和价值》的主题报告。张教授选择了中国古代史几个有趣的案例，我选出他讲的《诸葛亮的眼泪》的部分内容。

诸葛亮当丞相，所有的章程、记录、账册都要过目，主簿（主任秘书）杨颙就和他讲："你作为主人不能做这样的事情，家里的事，主人做什么，奴做什么，婢做什么，牛、马、鸡、犬各有所司，主人不能做所有的事。"杨颙死，诸葛亮流泪三日。他既没听杨颙的意见，为什么又哭了三天？

张元教授说："所谓的细节，指史家写的小故事。我们要晓得，一个历史家不管写什么书，篇幅都是有限的，资料是非常丰富的，他要有所选择。他为什么要把一个看起来无关紧要的小事情摆在里面，一定有一些特别之处，或者是他看了很感动，或者是觉得很有趣，或者说觉得有特殊意义。"

现在看"杨颙死，诸葛亮流泪三日"这个故事的原因在哪里，学生的答案各不一样，怎么解决？张元老师用历史事实和历史逻辑来分析。首先，《三国志》等书中并没有记载杨颙和诸葛亮的交情有多深厚。其次，杨颙仅仅是个主任秘书，官职并不大。再次，杨颙的话，诸葛亮并没有听。此时有学生悟出答案了。

因为他是哭自己。王夫之就说，蜀地人才有限，蒋琬等人放在中原。所以，诸葛亮事必躬亲，他好累，他好辛苦，所谓"鞠躬尽瘁，死而后已"就是真切的写照。这是我们在《通鉴》中看到的。

所以，历史老师的责任就是把过去世界里那些让史家感动的故事想办法让学生也有所接触。在校学习只是一个开始，让学生养成学习的兴趣，以后慢慢地欣赏，慢慢地感受，慢慢增加许多立身处世的参考。我相信，我们的年轻一代会成为继承传统文化的现代社会好公民。

我们是否在读史书的时候感动过？心灵受到过冲击？

教师（尤其是历史老师）不仅仅是学生的知识传递者，也是学生的人生导师。

案例七：真假磨坊说历史

在高中历史必修一第9课《资本主义政治制度在欧洲大陆的扩展》的教学中，有个基本认识：英、美、法、德四个国家中，德国的政体相对不那么民主，皇帝掌握大权。课本上还引用马克思的一段话："（德意志帝国实质上是一个）以议会形式粉饰门面，混杂着封建残余，已经受到资产阶级影响，按官僚制度组织起来、并以警察来保卫的、军事专制制度的国家。"还有我们老师们熟知的事实，如俾斯麦绕过议会征兵、征收赋税等，容易使学生形成德国的民主是假的的感觉。德国到底有无民主？我们一起来看一个故事——波茨坦磨坊。

威廉一世在波茨坦修建了一座行宫。有一天，这位皇帝登高远眺波茨坦市的全景，视线却被紧挨宫殿的一座磨坊挡住了，于是派人前去与磨坊主人协商，希望能够买下这座磨坊。不料这个磨坊主就认一个死理儿——这座磨坊是祖上传下来的，不能败在我手里。一怒之下，威廉一世派人把磨坊拆了。

第二天，这个老汉一纸诉状把国王告上了法庭，地方法院居然受理了，判决结果是"威廉一世擅用王权，拆毁由私人拥有的房屋，违犯了帝国宪法第79条第6款，应立即重建一座磨坊，并赔偿损失费150塔勒"。威廉皇帝虽

贵为一国之君，拿到判决书也只好遵照执行。

这个故事我查了一些资料，发现有水分，在威廉一世之前这个故事就有，主角也不是威廉一世，但人们为了宣传就套在德皇威廉一世身上，也正中威廉一世下怀，有关磨坊就此被命名为"历史磨坊"。于是这成为世界法律史上第一宗"市民诉国王案"。

后来又有了续集，而且越编越完整。

数十年后，磨坊主的儿子因经营不善而濒临破产，他就写信给威廉二世，自愿将磨坊出售给他。威廉二世接到这封信后，亲笔回信："……这座磨坊应当长期保留下来，以作为我们国家司法独立和裁判公正的纪念。你现在很困难，我十分同情，今赠给你6000塔勒，供你偿还债务。你亲爱的邻人威廉复。"

与这个德国磨坊故事紧密相连的是，一句在西方耳熟能详的谚语："风能进，雨能进，国王不能进。"也正因为这句谚语之重心在于"国王不能进"，充分体现了英国哲学家、政治学家、西方法治主义的奠基人洛克的思想："主权者的权力绝不容许扩张到公共福利的需要之外，而是必须保障每个人的财产。"

这个故事虽然有假，但被人们宣传得热热闹闹，从侧面告诉我们：德国民主虽然不彻底，但还是有一定民主，比起封建专制，德国还是有了巨大进步。课本原文可以印证：

国家统一和君主立宪政体的确立，推动德国进入新的历史发展时期。此后，德国的资本主义迅速发展，很快跻身资本主义强国之列。

我相信，十年以后，其他内容学生可能忘了，但这个故事很多学生会记得。

案例八：孔子学琴

2015年，我们工作室到兰州二中进行课堂交流活动，我承担了《音乐与影视艺术》的教学。本课的目标是：理解不同时期音乐的主要特点；提高学生对音乐影视作品的审美情趣；通过欣赏音乐名作提高对音乐的鉴赏能力。

在学习中，一边让学生欣赏音乐，一边了解音乐知识。

欣赏并比较贝多芬的《命运》和猫王的演唱。《命运》属于严肃音乐。我问学生能听懂吗，平常听的音乐有哪些？学生回答的几乎全是流行歌曲。

我就鼓励学生，要想真正提高音乐素养，就必须学会欣赏一些中外名曲。严肃音乐更能表达其深层意义：它是关注人生意义的、庄严悲壮的、高雅凝重的。它诱导人们从自然、本能的欲望中解放出来，进入高尚、纯洁的精神境界，获得美感的提升，这正是严肃音乐文化精神的彰显。因为它能给人更高层次的享受，能触及思想灵魂的最深处。孔子在齐国听到了《韶》的乐章，三个月都尝不出肉味来，喟叹道："想不到欣赏音乐竟然可以达到这样令人忘我的境界！"

我给同学们讲了孔子学音乐的故事。

师襄子是与孔子同时代鲁国著名的乐官。（古代乐官一般叫师，后来担当这一职务的人就把师作为自己的姓，冠于名之前。如师襄，又称师襄子，加子表示尊重）

师襄也许一生也没有见到能够如孔子这样学琴的人。

图20

孔子向师襄子学琴，学了十天仍没有学习新曲子。师襄子对他说："可以增加学习内容了。"孔子说："我已经熟悉乐曲的形式，但还没有掌握方法。"过了一段时间，师襄子说："你已经会弹奏的技巧了，可以增加学习内容了。"孔子说："我还没有领会曲子的意境。"过了一段时间，师襄子说："你已经领会了曲子的意境，可以增加学习内容了。"孔子说："我还不了解作者。"又过了一段时间，孔子神情俨然，仿佛进到新的境界：时而神情庄重穆然，若有所思；时而怡然高望，志意深远。孔子说："我知道他是谁了：那人皮肤深黑，体形颀长，眼光明亮远大，像个统治四方诸侯的王者，若不是周文王还有谁能撰作这首乐曲呢？"此语一出，师襄顿感震惊。

（司马迁《史记》原文：辟席再拜，曰："师盖云《文王操》也。"）他一下子从座位上站起来，向着二十七岁的孔子连连作揖道："老琴师传授此曲时就是这样说的，这支曲子叫作《文王操》啊！"

因此，真正好的音乐需要我们用心去品味。这里包括我们前面所说历史核心素养要求的人文积淀、人文情怀和审美情趣等基本要点。这个故事还给学生一种学习方法的启示。所以，我给学生布置了一个终身作业：聆听经典音乐，观赏经典影视。

案例九：抗战的旗帜——杨惠敏

中国的14年抗战中可歌可泣的史例太多了，在必修一第16课《抗日战争》教学中可供选择的史例很多，最能击中人心、最能表达中国人民抗战决心的史例，选哪一个更好呢？我选择了杨惠敏的故事。

1937年10月底，国民政府准备全线撤出淞沪战场，并决定由88师防守苏州河北的四行仓库，以为主力的后撤争取时间。而在四行仓库的，除了大家熟知的八百勇士，还有一位23岁的女孩——杨惠敏！

实际上，四行仓库与英美租界只相隔一条苏州河，在这里打一场壮烈的战斗，就是将中国人民抵抗侵略的战斗展现在英国、美国人民的面前，也就是展现在了西方世界的面前。

四行仓库之战的确足以展示中国军人的血性和抗战的决心。当时从上海临河远眺，只能看见四行仓库处于日军的重围之中，只能零星看到几面英国国旗，却没有中国国旗。国旗是民族的精神！

就在此时，一个刚刚高中毕业叫杨惠敏的女孩，冒着纷飞的弹雨，孤身勇渡苏州河，将一面国旗敬献给中国战士，并且将八百战士的名册带回上海。

第二天，当苏州河对岸的上海民众看见中国国旗飘扬在四行仓库的上空时，一时间热泪盈眶。

这个故事的意义在于：在民族危亡面前，中华儿女地不分南北，人不分老幼，全民抗战。拼死守护家人、家乡与家国的情感，并不是英雄人物的专利和义务，这是每一个生活在中华大地上的人的本能。杨惠敏是一个普通的女孩子，她冒死带过去的是象征民族的国旗，鼓舞了中国人民抵抗日本侵略的决心！

我让学生评价，杨慧敏的做法有意义吗？其中，有个男生激动地说：

"天下兴亡，匹夫有责！我们男子汉大丈夫更应该为国出力。"这充分诠释了"家国情怀"的渗透。

案例十：时空碰撞看大清

《美国联邦宪法的建立》的核心知识是1787年宪法，讲述了美国的民主制度特点之后，我设置了一个问题：1787年的中国在干什么？

1787年，对大清朝的臣民来说，是普普通通的一年。

乾隆皇帝闲极无聊的时候写了一首诗。虽然这首诗跟这位爱作诗的皇帝的其他诗一样，都是平淡无奇，却暗示了中华帝国未来的命运。（物盛而衰）

"间年外域有人来，宁可求全关不开。人事天时诚极盛，盈虚默念惧增哉。"

写这首诗的时候，这位号称"十全老人"的皇帝内心肯定是充满自豪的："我天朝上国什么也不缺，这么强大，想想居然都有点害怕了呢。那些番邦外国想来我大天朝，我们可是连关都不会开的！"

又过了6年，1793年8月，马戛尔尼一行抵达北京。所携"贡品"约值13124镑，内有天文地理仪器、图书、毯毡、军用品、车辆、船只，总计600箱，俱为用心选购，以表示英国文明，希望能和中国通商。迎接他的还是这位皇帝，其结果可想而知。

因为古今贯通、中外关联是新课程体系的另一新亮点，也是高考的重点，使我们能够从时间、空间上对世界历史的发展有一个纵向和横向的整体把握，符合当前高考核心素养之一的时空观念。所以，我设计的第一个目的是时空定位，让学生注意到中国康乾盛世时期正是美国民主制度的时期。另外，注意同一时间段东西方文明发展的不同走向及其关联。中国这一时期封建制度日益没落，人们将其比喻为"落日的辉煌"；西方国家正是初升的太阳，欣欣向荣。

案例十一：《我的一九一九》——情感唤醒

初高中课本都提到，巴黎和会中国外交的失败是五四运动爆发的导火线。我觉得，顾维钧在巴黎和会上的演讲能更深刻地揭示这个问题。

顾维钧巴黎和会的演讲回顾。（这一段演讲是根据顾维钧回忆录改编的电影《我的1919》中的片段）

研训篇——示范引领形成辐射效应

请允许我在正式发言之前给大家看一样东西，进入会场之前，牧野先生为了讨好我，争夺山东的特权，把这块金表送给了我。牧野男爵愤怒了，他真的愤怒了！（声音稍大）姑且算是我偷了你的金表，那么我倒想问问牧野男爵：你们日本在全世界面前偷了整个山东省，山东省的三千六百万人民，该不该愤怒呢？四万万中国人民该不该愤怒！请问日本的这个行为算不算是盗窃？是不是无耻？是不是极端的无耻！？（渐渐地，一声比一声大，愤怒的）

山东是中国文化的摇篮，中国的圣者孔子和孟子就诞生在这片土地上，孔子犹如西方的耶稣。山东是中国的，无论从经济方面，还是战略上，还有宗教文化上，中国不能失去山东，就像西方不能失去耶路撒冷。

尊敬的主席阁下，尊敬的各位代表：我很高兴能代表中国参加这次和会。我深感责任重大，因为我是代表了占世界人口四分之一的中国在这里发言。刚才牧野先生说中国是未出一兵一卒的战胜国，这是无视最起码的事实。请看（出示照片），战争期间，中国派往欧洲的劳工就达14万，他们遍布在战场的每个角落，他们和所有的战胜国的军人一样在流血、牺牲。我想请大家再看一张在法国战场上牺牲的华工墓地照片（出示照片），这样的墓地在欧洲就有十几座，他们大多来自于中国的山东省。他们为了什么？就是为了赢得这场战争，换回自己家园的和平和安宁。因此，中国代表团深信：会议在讨论中国山东省的问题的时候，会考虑到中国的基本合法权益，也就是主权和领土的完整，否则亚洲将有无数的灵魂哭泣，世界也不会得到安宁！我的话讲完了，谢谢，谢谢！

他的发言中涉及三个重要历史问题。

1. 山东问题的由来

（1）1897年，德国派舰队强占胶州湾。清政府被迫同意将胶州湾租给德国，并允许德国在山东修筑铁路、开采矿山等特权。山东成为德国的势力范围。

（2）第一次世界大战爆发后，日本借口对德宣战，出兵山东，强占胶济铁路和青岛。由于袁世凯几乎全部承认了日本提出的"二十一条"，使得日本在山东的权利合法化。

（3）1919年，巴黎和会拒绝了中国代表提出的要求，决定把德国原来在中国山东攫取的一切权利交给日本。帝国主义的强权政治引发了"五四运动"。在反帝爱国运动的推动下，中国代表团拒绝在凡尔赛和约上签字。

（4）1922年，华盛顿会议期间，由于中国人民坚持斗争和英美反对日本独占中国而施加的压力，日本与中国在会外签订了条约，日本归还中国山东主权，胶济铁路由中国赎回。

说明：山东是被日本强占的。

2. 孔子孟子在中国历史上的地位

说明：山东自古以来就是中国的。

3. 中国对一战的贡献

历史上，中国虽然宣布参加第一次世界大战，但并没有派出军队作战。真正为一战做出重大贡献的，是14万中国劳工。（一开始英法是不允许中国参战的，一旦参战，中国就成了战胜国，英法将不能名正言顺奴役中国）

而他们，却被西方政府从历史上抹去了近100年。

这篇演说确非虚构。根据史料记载，1919年1月28日，顾维钧在辩论会上即席发表的影响全世界的阐述中国立场的演说，被誉为"中国外交史上的一次经典的发言"，载入中国外交史册。而他顶住列强和本国政府的压力，拒绝在和约上签字，则被历史学家誉为"中国近代外交史上画下最光辉的句号"。

发言展示了顾维钧身为炎黄子孙的尊严气节和外交家的睿智潇洒，虽然对中国问题做了最透彻的解析，赢得了很多人同情，但也仅仅是同情。中国，作为一战的战胜国，却不能收回本国应有的主权，德国占领的山东半岛在巴黎和会上划分给了日本，中国的主权变成了列强的盘中餐，成为他们相互交易的砝码、赠送的礼物，他们完全无视中国人民的感情、中国人的愤怒，这一切只源于两个字——贫弱。

在这样的背景下，1919年，中国人第一次向列强说"不"。

因为中国最广大的青年走向了抗争奋斗的道路，不论工人学生，不论贫穷富贵，不论民族地域，于是"五四"成为他们不朽的丰碑。

因为中国人的行动轨迹表现了当时的中国人由受压迫到反抗，由懵懂到觉醒。开始，英国首相乔治说顾维钧是"一个真正剪掉辫子的中国人"。后来，法国总理克里孟梭不得不惊呼："是一群，一群剪掉辫子的中国人！"

法国一所国际学校8名法国高中生用八种语言朗读100年前人们对一战停战的记述，其中有一位华裔少女，用中文朗读了一战华工描述停战的信件。

　　根据少女在仪式上用中文进行的朗读，这位一战华工100年前是如此记述停战的："忽闻教堂钟声、工厂汽笛声……休战条约已签订，战争从此可以中止。在城市里，已经是人山人海，无论男女老幼，无论士兵平民，各色人种混在一起，互相握手，时或歌唱，时或欢呼，种种狂欢之状也。"

　　劳工对大战告终、和平到来的欢呼雀跃、兴奋是发自内心的。

　　这段华工对停战的描述，能够在官方仪式上用中文朗读，一定程度上表明了法国对华工历史贡献的认可。

　　正如加拿大驻华大使麦家廉在使馆举办的一战停战百年纪念日活动上所言："既然我们在中国举行纪念日活动，那么，我在此也想讲述一段鲜为人知的历史。在'一战'的欧洲战场上，有13.5万中国劳工为盟军的胜利做出了不可磨灭的贡献。"

　　故事对历史教学意义重大。历史教学实践中，教师怎样获得和选择故事素材呢？一是要广泛阅读有关专业史籍资料。大量的阅读是积累的基础，在庞杂的故事中精挑细选出对课堂教学最有效的部分，为教学服务。二是要广泛地从多方领域搜集故事，包括历史故事、人物传记，甚至一些民间传说、小说、故事等，从中挖掘有用的历史信息。三是备课时要反复研讨教材，深入把握教材内容蕴含的思想价值，选择的故事一定要为教学核心思想服务。四是要调查了解学生阅读状况，以利于选择学生喜欢的故事类型，做到因材施教。

现实是流动的历史，历史是凝固的现实
——时政热点

　　《历史课程标准》（实验）在"课程的基本理念"中明确规定："（普通高中历史课程）在内容的选择上，应坚持基础性、时代性，应密切与现实生活和社会发展的联系，关注学生生活，关注学生全面发展。"其"课程目标"之一，就是要学生"学会运用科学的理论和方法认识历史和现实问题，逐步形成科学的世界观和历史观；树立不断完善自我、为祖国社会主义现代化建设做贡献和关注民族与人类命运的人生理想"。

　　有人说："现实是流动的历史，历史是凝固的现实。"说明历史和现实在某种意义上是相通的。时政热点在课堂中的意义，拉近了历史与现实的距

离，使历史知识得以延伸，升华课本知识。通过历史与现实的对比，拓展学生思维，提高学生观察、分析和解决问题的能力，而且能使学生融会贯通地掌握理论，培养学生探究和创新能力。

学习历史，如果忘记现实、忘记国家、忘记个人发展，历史学习便不再有意义。

案例十二："一带一路"彰显中国方案

例如在第5课《开辟新航路》的学习中，我的教学设计引入了中国"一带一路"的伟大构想。

展示有关中国"一带一路"材料：

古代丝绸之路是一条贸易之路，更是一条友谊之路。在中华民族同其他民族的友好交往中，逐步形成了以和平合作、开放包容、互学互鉴、互利共赢为特征的丝绸之路精神。

——摘自2016年4月29日习近平在中共中央政治局第三十一次集体学习时的讲话

设置了探究问题：如何理解"当今中国'一带一路'的构想堪称人类历史上第二次地理大发现"这句话？这个问题的设计对学生的意义是多方面的，如对比思维能力的训练、时空观的渗透、世界趋于一体化的认识高度、中国和平崛起观念的认知等。

"一带一路"关联亚非、亚欧，甚至辐射到太平洋沿岸的部分国家，最终要形成跟周边国家和区域的利益共同体，共同打造政治互信、经济融合、文化包容的利益共同体、命运共同体和责任共同体。再次把世界连成一个整体，所以说它"堪称人类历史上第二次地理大发现"。

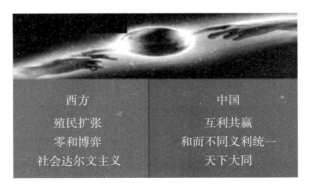

图21

但"一带一路"不是中国一家的"独奏曲"，而是倡导世界各国共同参与的"交响乐"。也就是说，"一带一路"的倡议虽然来自中国，但它的成果却要惠及世界。一花独放不是春，百花齐放春满园。中华文化博大精深，内蕴丰富的人文精神。中国人自古崇尚自强不息、厚德载物，中华文化海纳百川，有容乃大。"和而不同"是中华民族千百年来的重要价值取向，体现辩证法的矛盾观，蕴含差异性的和谐。"义利统一"中的义利之辩是中华传统文化中的重要命题，是"讲信修睦"交往观念的具体体现。"天下大同"则代表中国古代理想社会的最高境界，在本质上追求整个天下形成一个共同体。

这一点跟新航路开辟有本质的差异，西方国家的起步是从殖民扩张开始的。

这个问题的回答恰恰也证明了西方长期信奉的"零和博弈"的欺骗性。

零和博弈的基本内容：游戏者有输有赢，一方所赢正是另一方所输，游戏的总成绩永远是零。

这是西方长期信奉的理论，和殖民时期的"社会达尔文主义"（丛林法则）具有一致性。

胜利者的光荣后面往往隐藏着失败者的辛酸和苦涩。这种理论认为，世界是一个封闭的系统，财富、资源、机遇都是有限的，个别人、个别地区和个别国家财富的增加必然意味着对其他人、其他地区和国家的掠夺，这是一个"邪恶进化论"式的弱肉强食的世界。

案例十三：中国智慧——人类命运共同体

如何应对今天的世界格局，对中国来说，是至关重要的议题。2010年，中国经济总量首次超过日本，已成为世界第二大经济体。这是中国经济发展中一件具有标志性的大事，也是中国经济发展的一座里程碑。时至今日，中国经济依然稳健发展。张维为教授说，今天中国的经济每三年创造一个英国。

构建人类命运共同体，建设持久和平、普遍安全、共同繁荣、开放包容、清洁美丽的世界，是新时代中国共产党人为解决国际社会共同问题提出的中国方案。"构建人类命运共同体"理念包含主权平等、对话协商、合作共赢、交流互鉴、绿色发展等内在要求。"命运共同体"这一全球价值观包含相互依存的国际权力观、共同利益观、可持续发展观和全球治理观。

推动构建人类命运共同体，饱含着中华优秀传统文化的精髓，体现了中华文化中"天人合一"的哲学思维、"天下为公"的政治理念以及"和而不同"的文明观。

构建人类命运共同体在国际社会迅速取得广泛共识。联合国在2017年2月10日将其写入联合国决议，2017年3月17日又将其载入安理会决议，2017年3月23日再将其载入联合国人权理事会决议。可以坚信，构建人类命运共同体理念将不断绽放思想光芒，其时代价值和历史价值将是永恒的。

我们要启发学生思考：如果你是中国外交发言人，从历史和现实的角度来分析，你将如何向世界阐释自己的立场与观点，让世界真正理解中国。

这样可以启发学生"家事国事天下事，事事关心"，要有世界眼光。理解中国和平发展和以前的"大国崛起"有很多的不同；理解中国的特色大国外交之路既向世界展示了中国风范，同时也与世界分享中国成就、中国机遇、中国未来；感受中国特色大国外交具有鲜明的中国内涵与时代色彩，强调中国特色；体现了中国的自信、自觉与担当。

选用历史素材不仅仅是为了把历史课上得生动好听，吸引学生的兴趣，更重要的是针对所选用的素材，调动学生参与课堂的积极性和主动性，激发学生的思考能力，把课堂变得既有温度、广度，又有深度。丰富多彩的历史素材为高中历史教学提供了宝贵的资源。正是基于历史教学素材在教学中的诸多积极意义，新课程改革要求教师多阅读，不断丰富自己的内涵，扩大自己的知识面，在教学中要广泛搜集历史素材，认真筛选素材，分析教学实践中应用素材的问题，总结好的经验。因此，教师的工作比以前更忙，学生对教师的要求更高。